Astalo Garcia

Renforcer le leadership des jeunes dans la prévention de la violence au Mexique

AF154845

Astalo Garcia

Renforcer le leadership des jeunes dans la prévention de la violence au Mexique

Le genre comme moyen d'améliorer la qualité de vie à Coahuila et Durango, une région du nord du Mexique

ScienciaScripts

Imprint

Any brand names and product names mentioned in this book are subject to trademark, brand or patent protection and are trademarks or registered trademarks of their respective holders. The use of brand names, product names, common names, trade names, product descriptions etc. even without a particular marking in this work is in no way to be construed to mean that such names may be regarded as unrestricted in respect of trademark and brand protection legislation and could thus be used by anyone.

Cover image: www.ingimage.com

This book is a translation from the original published under ISBN 978-3-330-32649-1.

Publisher:
Sciencia Scripts
is a trademark of
Dodo Books Indian Ocean Ltd. and OmniScriptum S.R.L publishing group

120 High Road, East Finchley, London, N2 9ED, United Kingdom
Str. Armeneasca 28/1, office 1, Chisinau MD-2012, Republic of Moldova, Europe
Printed at: see last page
ISBN: 978-620-7-39342-8

Contenu

"Personne ne naît bon citoyen, aucune nation ne naît démocratique. Il s'agit plutôt de processus qui continuent d'évoluer tout au long de la vie. Les jeunes doivent être inclus dès la naissance. Une société qui se coupe de sa jeunesse, coupe sa ligne de vie, elle est condamnée à se vider de son sang".

Kofy Anan Secrétaire général des Nations unies (2005)

Résumé

Le travail proposé avec les enfants et les jeunes fait partie d'une expérience de quinze ans de travail avec des hommes qui utilisent la violence et qui participent à des groupes de réflexion, des programmes de paternité ont été mis en place. Depuis 2006, les conditions géographiques, politiques et économiques, ont significativement impacté la région, conduisant à l'émergence de la violence urbaine et de la criminalité organisée avec l'installation d'un état d'impuissance, de peur, d'insécurité et de méfiance de la part de la population. En 2007, les droits de l'homme, en particulier ceux des femmes, sont violés, les centres d'accueil pour femmes victimes de violences extrêmes sont fermés et les ressources destinées aux femmes sont supprimées et utilisées à mauvais escient.

De 2009 à 2012, est considérée comme une période de transition dans la vie du groupe des Hommes Nouveaux de La Laguna, marquée par des scénarios contextuels locaux et nationaux qui ont exigé une réflexion plus profonde sur ce qui a été fait, faire la systématisation des expériences qui obtiendraient un apport à la conception de nouvelles stratégies. Cette proposition est pertinente dans la mesure où elle vise à contribuer à la recherche d'alternatives dans la prévention de la violence et de la criminalité, en particulier une violence basée sur le genre, cherche à promouvoir un leadership autre que celui proposé par une culture patriarcale, centrée sur les hommes et l'adultisme, contribue à un plus grand rôle des filles et des femmes dans l'exercice de leurs droits.

La protection de l'enfance consiste à reconnaître les signes d'abus physique, sexuel ou émotionnel ou de négligence et à agir en conséquence, mais la *sauvegarde de l'enfance* consiste à protéger les enfants et les jeunes d'un éventail beaucoup plus large de préjudices potentiels et à envisager une action préventive, et pas seulement une réaction. L'un des aspects importants du projet était donc l'accent mis sur l'action, et plus particulièrement sur l'encouragement des enfants et des jeunes à s'impliquer dans l'action en faveur de la justice sociale. La participation des jeunes, des filles et des garçons se réfère généralement au processus de partage des décisions qui affectent la vie d'une personne et la vie de la communauté dans laquelle elle vit. C'est le moyen par lequel une démocratie se construit et c'est une norme par rapport à laquelle les démocraties devraient être mesurées. La *participation* est le droit fondamental de la citoyenneté.

Notre approche aide les enfants et les jeunes à développer de nouvelles compétences et capacités qui leur permettent de passer de la réflexion et de l'analyse à la recherche de solutions et à la planification d'une action communautaire commune pour affronter et transformer leur situation difficile de violence et de vulnérabilité. Ils sont ainsi en mesure de jouer un rôle actif dans le changement au sein de leur communauté.

Au cœur de ce programme se trouve un réseau de jeunes activistes communautaires et éducatifs sensibilisés, formés et responsabilisés (*Promotores* et *Promotoras* en espagnol). Il s'agit de jeunes, généralement âgés de 12 à 18 ans, qui, en participant aux activités du collectif des hommes nouveaux, sont habilités à assumer un rôle de leader à divers degrés d'implication dans leurs communautés, en travaillant avec des groupes d'enfants plus jeunes sur une série d'activités éducatives informelles. Ces activités comprennent actuellement le théâtre de rue pour les jeunes, le camping, les forums vidéo.

Mots-clés : leadership, participation, méthodologie "d'enfant à enfant", jeunes, genre, qualité de vie, prévention, violence.

Avant-propos

L'importance d'aborder le problème des jeunes à risque découle du niveau de violence qui règne dans le pays, en particulier dans cette région. La présente proposition propose de travailler avec les enfants et les jeunes de la région de Laguna et les hommes qui participent à un programme d'attention à la violence domestique dans le but qu'ils assument et atteignent un rôle de protagoniste dans le développement de leurs communautés.
Ce panorama favorise heureusement aussi la nécessité de rechercher des alliances et des liens internationaux qui ont permis d'apprendre et d'obtenir des outils pour un renforcement du Collectif des Hommes Nouveaux de La Laguna et de ses membres. En 2009, les possibilités de travail conjoint sont visualisées pour offrir des alternatives qui contribuent à préserver le droit des citoyens à vivre une vie de qualité, à l'abri de la violence.

Le travail au sein des programmes d'intervention avec les hommes et les expériences avec les jeunes de la région ont été renforcés par de nouvelles et diverses expériences de travail en dehors du pays, comme au Nicaragua, en Amérique centrale, sur le VIH, le sida, les droits de l'homme et la diversité sexuelle, avec divers groupes de population, la police, l'armée, les groupes religieux, les Afro-descendants, etc.

Ainsi, la proposition *"Renforcer le leadership des jeunes dans la prévention de la violence, le genre comme moyen d'améliorer la qualité de vie à Coahuila et Durango, une région du nord du Mexique"* présente un recueil d'expériences avec des filles, des garçons et des jeunes dans le renforcement de leur leadership et la construction de la citoyenneté à travers la promotion de la *participation* et l'exercice de leurs *droits* ayant comme axes transversaux *la justice de genre* et les *masculinités.*

Ce travail s'inspire de l'expérience professionnelle de l'auteur en tant que spécialiste des masculinités dans deux projets de recherche au Nicaragua, en Amérique centrale, menés de 2009 à 2013.

Remerciements

Les contextes, les scénarios et les époques dans lesquels j'ai eu la chance d'être impliqué ont été divers et différents, tout comme les groupes de personnes qui ont mené ces expériences pendant plus d'une décennie et demie.
L'un des moments historiques qui ont marqué ma vie personnelle, familiale, sociale et professionnelle est la période allant de 2006 à 2013, caractérisée par l'instabilité sociale, économique et politique au Mexique, mon pays, mais aussi dans la région et la ville où la violence raciste et la criminalité étaient une constante à cette époque. C'est dans ce contexte que des femmes et des filles, des hommes, des jeunes et des enfants m'ont apporté leur soutien pour développer mon travail dans des moments critiques.
Parmi ces personnes, il y a ma femme Elvia Garcia, ma fille Elvia Paola, mes enfants Esli et Ricardo, qui ont dû subir mes absences fréquentes et prolongées, mais qui ont toujours partagé mes rêves.
Gloria Yolanda Medina, Maria Elena Calderon, Luz Elena Martinez, Elida Bautista, Rosario (Charito) Aldaba, Evangelina Velazquez, Sandra Flores, Patricia Ruvalcaba, Rosario Varela, Marina Arvizu, Martha Roman, Maria de la Paz Idunate, toutes les femmes amies et collègues des réfugiés et des groupes de réflexion pour les femmes et leurs enfants qui subissent une violence extrême et mettent leur vie en danger et s'occupent de jeunes vulnérables.

Jesus Borrego, Sergio Armando Garza, Gabriel Pena, Francisco Blanco, Luis Dominguez, du Groupe des Masculinités du Collectif des Hommes Nouveaux de La Laguna, qui ont cru au projet dès le moment où ils sont arrivés à la recherche d'un soutien pour faire face à leurs propres comportements de violence et qui se sont engagés à un changement au-delà des programmes de soins.

Eduardo Liendro, Francisco Cervantes, Roberto Garda, du Colectivo de Hombres por Relaciones Igualitarias (CORIAC), Mexique et Antonio Ramirez, du Center to Eradicate Masculine Intrafamily Violence, San Francisco, Californie, États-Unis. Larry J. Madrigal, Walberto Tejeda, Rutilio Delgado, de Equinoccio, Escuela Metodologica en Masculinidades, El Salvador, Amérique centrale.
Maria Hamlin, Ana Quiroz, Rosa Maria Tijerino, Felix Alberto Salinas, Carmen Bone, Ileana Zacarias, Darling Gonzalez, Jose Moraga, membres de l'équipe technique et de gestion du Centro de Informacion y Servicios de Asesoria en Salud (CISAS) au Nicaragua, Amérique centrale.

Patricio Cranshow, de Progressio à Londres, Douglas Mendoza du Masculinity Network of Nicaragua, John Bayron du Masculinity Group en Colombie et Harish Sadani de Men Against Violence & Abuse - MAVA à New Delhi, en Inde.

A qui je dois mon premier apprentissage et qui m'a donné l'opportunité de reconnaître ma propre violence et d'avoir partagé ses méthodologies de travail avec d'autres hommes.

De manière spéciale, toutes les filles, les garçons et les jeunes et leurs familles qui ont participé avec enthousiasme aux projets qui intègrent ces expériences, y compris les hommes qui assistent aux programmes d'attention à la violence dans notre collectif.

À tous, mes remerciements les plus sincères pour votre confiance, vos connaissances, votre amour et votre soutien dans cette quête d'une vie meilleure, plus juste et plus saine, en particulier pour les filles et les femmes de notre vie.

Définitions

(Ce glossaire est destiné à servir de guide pour la lecture du rapport, mais il convient de noter que les définitions présentées sont dynamiques et susceptibles d'être modifiées).

Agence
La capacité de faire des choix significatifs et d'agir en conséquence.

Espaces conviviaux pour les enfants - Un endroit sûr où les enfants peuvent interagir avec leurs pairs en dehors de leur domicile et recevoir un soutien psychosocial direct.

Société civile - Citoyens ou groupes participant en dehors des institutions gouvernementales formelles. Il peut s'agir d'organisations non gouvernementales (ONG), d'organisations de la vie locale et communautaire, d'organisations syndicales et d'associations professionnelles.

Condition et position - La condition fait référence à notre état matériel et à notre vie quotidienne. Elle comprend généralement l'accès aux ressources de base telles que le logement, la nourriture et la protection. La position fait référence à notre statut social et à la valeur que la société nous accorde. Cela inclut notre capacité à contrôler les ressources et à prendre les décisions qui affectent notre vie.

Prise de décision - Capacité d'une personne à participer au processus de prise de décisions qui affectent sa vie.

Autonomisation - Le pouvoir est la capacité de façonner sa vie et son environnement. Le manque de pouvoir est l'un des principaux obstacles qui empêchent les filles et les femmes de faire valoir leurs droits et d'échapper au cycle de la pauvreté. Cet obstacle peut être surmonté par une stratégie d'autonomisation. L'autonomisation fondée sur le genre consiste à développer les atouts des filles (sociaux, économiques, politiques et personnels), à renforcer leur capacité à faire des choix concernant leur avenir et à développer leur estime de soi et leur confiance en leur propre capacité à contrôler leur vie.

Exclusion - Définie comme le processus par lequel des individus ou des groupes sont partiellement ou totalement exclus des droits, des opportunités et des ressources disponibles pour les autres dans la société dans laquelle ils vivent. Le terme d'exclusion est utilisé comme un terme générique qui couvre les termes connexes de marginalisation, de risque d'exclusion, de discrimination, d'iniquité et autres.

Exclusion et discrimination - La discrimination est le traitement injuste ou préjudiciable de personnes en raison de leur identité. L'identité des personnes est façonnée par leur environnement social, les multiples facettes de l'exclusion et la vulnérabilité dont elles font l'expérience.

Exclusion et vulnérabilité - L'exclusion peut accroître la vulnérabilité d'une personne en réduisant sa capacité à surmonter les chocs et l'adversité. La vulnérabilité, à son tour, peut créer et renforcer l'exclusion. Dans les deux cas, les opportunités de vie sont réduites et la pauvreté peut en résulter.

Genre - Le concept de genre fait référence aux normes, attentes et croyances concernant les rôles, les relations et les valeurs attribués aux filles et aux garçons, aux femmes et aux hommes. Ces normes sont socialement construites, elles ne sont ni invariables ni biologiquement déterminées. Elles évoluent avec le temps. Elles sont apprises au sein des familles et des amis, dans les écoles et les communautés, ainsi que dans les médias, les gouvernements et les organisations religieuses.

Équité entre les sexes - L'équité entre les sexes signifie être juste envers les femmes et les hommes, les filles et les garçons. Pour garantir l'équité, des mesures sont mises en place pour remédier à la discrimination sociale ou historique et aux désavantages subis par les filles par rapport aux garçons. Une approche fondée sur l'équité entre les sexes garantit un accès équitable aux ressources et aux avantages du développement, ainsi qu'un contrôle de ces ressources et avantages, grâce à des mesures ciblées. Les bourses d'études pour les filles sont un exemple d'approche équitable qui contribue à ce que tous les enfants, garçons et filles, accèdent à l'école et bénéficient de manière égale des opportunités d'éducation. Le renforcement de l'équité entre les sexes n'est qu'un élément d'une stratégie qui contribue à l'égalité entre les sexes.

Égalité des sexes - L'égalité des sexes signifie que les femmes et les hommes, les filles et les garçons jouissent du même statut dans la société, qu'ils bénéficient des mêmes droits humains, qu'ils jouissent du même niveau de respect dans la communauté, qu'ils peuvent profiter des mêmes opportunités pour faire des choix concernant leur vie et qu'ils disposent du même pouvoir pour influencer les résultats de ces choix. L'égalité des sexes ne signifie pas que les femmes et les hommes, ou les filles et les garçons, sont identiques. Les femmes et les hommes, les filles et les garçons ont des besoins et des priorités différents mais liés, font face à des contraintes différentes et bénéficient d'opportunités différentes.

Justice entre les sexes - Le concept de justice entre les sexes souligne le rôle des responsables des droits des filles et des garçons. La justice entre les sexes consiste à mettre fin aux inégalités entre les femmes et les hommes, qui se traduisent par la subordination des femmes et des filles aux hommes et aux garçons. Elle implique que les filles et les garçons, les hommes et les femmes aient un accès et un contrôle égaux sur les ressources, la capacité de faire des choix dans leur vie, ainsi que l'accès à des dispositions visant à corriger les inégalités, le cas échéant. S'engager en faveur de la justice entre les sexes, c'est prendre position contre la discrimination, l'exclusion et la violence fondées sur le sexe. Il met l'accent sur la responsabilité des détenteurs d'obligations de respecter, de protéger et de mettre en œuvre les droits de l'homme, en particulier ceux des filles et des femmes.

Discrimination fondée sur le sexe - La discrimination fondée sur le sexe décrit la situation dans laquelle des personnes sont traitées différemment simplement parce qu'elles sont de sexe masculin ou féminin, plutôt que sur la base de leurs compétences ou capacités individuelles. Par exemple, l'exclusion sociale, l'incapacité à participer aux processus décisionnels et la restriction de l'accès aux services et aux ressources ainsi que de leur contrôle sont des résultats courants de la discrimination. Lorsque cette discrimination fait partie de l'ordre social, on parle de discrimination systémique fondée sur le sexe. Par exemple, dans certaines communautés, les familles choisissent systématiquement d'offrir une éducation supérieure à leurs fils, mais gardent leurs filles à la maison pour les aider dans les travaux domestiques. La discrimination systémique a des racines sociales et politiques et doit être abordée à différents niveaux de programmation.

Stéréotypes de genre - Les stéréotypes de genre sont des croyances socialement construites et non remises en question concernant les différentes caractéristiques, les rôles et les relations des femmes et des hommes, qui sont considérées comme vraies et immuables. Les stéréotypes de genre sont reproduits et renforcés par des processus tels que l'éducation des filles et des garçons, ainsi que par l'influence des médias. Dans de nombreuses sociétés, on apprend aux filles à être réceptives, émotives, soumises et indécises, tandis que les garçons apprennent à s'affirmer, à ne pas avoir peur et à être indépendants.

Violence fondée sur le sexe - La violence fondée sur le sexe désigne les violences physiques, sexuelles, psychologiques et économiques infligées à une personne en raison de son appartenance à l'un des groupes suivants hommes ou femmes. Les filles et les femmes sont le plus souvent les cibles de la violence fondée sur le genre, mais celle-ci touche également les garçons et les hommes, en particulier ceux qui ne correspondent pas aux stéréotypes masculins dominants en matière de comportement ou d'apparence. La violence fondée sur le genre peut se référer à des actes criminels d'agression commis par des individus, ou à une violence socialement sanctionnée qui peut même être commise par des autorités étatiques. Il s'agit notamment de violations des droits de l'homme telles que la violence domestique, la traite des filles ou des garçons, la mutilation génitale féminine ou la violence à l'encontre des hommes ayant des rapports sexuels avec des hommes.

Inclusion - Sentiment d'appartenance, sentiment d'être accueilli dans une zone sans se sentir menacé ou mal à l'aise.

Participation - L'implication des enfants et des jeunes dans les décisions individuelles concernant leur propre vie, ainsi que l'implication collective dans les questions qui les concernent.

Espace public - Espaces ouverts à l'usage du public. Il s'agit des rues, des zones de loisirs, des parcs, des places communautaires, etc.

Masculinités - Ce terme indique qu'il existe de nombreuses définitions socialement construites de ce qu'est un homme et que ces définitions peuvent changer au fil du temps et d'un endroit à l'autre. Le terme se rapporte aux notions et idéaux perçus sur la manière dont les hommes devraient ou sont censés se comporter dans un contexte donné.

Sécurité - absence d'apparition ou de risque de blessure, de danger ou de perte.

Environnement social - Utilisation de l'espace par la communauté, pratiques sociales communes dans la région,

6

différents groupes de personnes utilisant l'espace.

Normes sociales - Règles informelles, répartition des rôles entre les hommes et les femmes et croyances, attitudes et comportements qui régissent le comportement dans la société, prescrivent ce qui est attendu et ce qui n'est pas autorisé dans des circonstances spécifiques, influencent les croyances sur ce que l'on peut attendre du comportement des filles, par exemple.

Groupes sociaux - Deux personnes ou plus qui interagissent les unes avec les autres, partagent des caractéristiques similaires et ont un sentiment d'unité. Les groupes sociaux peuvent se présenter sous différentes formes et tailles ; les individus peuvent appartenir à plusieurs groupes sociaux en même temps. L'appartenance à des groupes sociaux spécifiques détermine souvent le niveau d'exclusion et d'inégalité auquel les individus sont confrontés.

Jeunes - Une fille ou un garçon dans la phase de transition entre l'enfance et l'âge adulte légalement défini (12 à 18 ans).

La définition légale d'un adulte varie d'un pays à l'autre, mais se situe généralement entre 17 et 21 ans. Dans le cadre de ce rapport, la référence aux adolescents et adolescentes comprend la tranche d'âge de 12 à 18 ans incluse dans cet échantillon de recherche.

Violence - L'Organisation mondiale de la santé (OMS) définit la violence comme suit : "L'utilisation intentionnelle de la force physique ou de la puissance, menacée ou réelle, contre soi-même, contre une autre personne, ou contre un groupe ou une communauté, qui entraîne ou risque fortement d'entraîner des blessures, la mort, des dommages psychologiques, un mal-développement ou des privations.

Violence à l'égard des femmes et des filles - Tout acte de violence fondé sur le sexe qui entraîne ou est susceptible d'entraîner pour les femmes un préjudice ou des souffrances physiques, sexuelles ou psychologiques, y compris la menace de tels actes, la contrainte ou la privation arbitraire de liberté, que ce soit dans la vie publique ou dans la vie privée.

Introduction

La discrimination fondée sur le sexe et les stéréotypes sexistes sont des violations des droits de l'homme et contribuent aux cycles de pauvreté qui peuvent affecter les communautés sur plusieurs générations. Les filles qui ne sont pas autorisées à aller à l'école ou qui sont mariées alors qu'elles sont encore enfants sont confrontées à des difficultés particulières qui les désavantagent, de sorte qu'à l'avenir, elles ne seront pas

de promouvoir efficacement les droits de leurs propres filles et fils. Les stéréotypes de genre qui promeuvent les traits dominants de la masculinité affectent également la capacité des garçons à développer des relations saines avec les filles et limitent leur aptitude à devenir des partenaires et des pères attentionnés. Par exemple, les garçons élevés dans l'agressivité et le sentiment de supériorité à l'égard des femmes risquent de devenir violents et de commettre des abus. Dans notre pays, et en particulier dans la région de La Laguna, dans le nord du Mexique, cette condition des filles, des garçons et des jeunes a été principalement violée par les effets du trafic de drogue et de la criminalité.

Le collectif des hommes nouveaux de Laguna est une organisation de la société civile à but non lucratif qui réside dans la ville de Torreon, Coahuila, depuis dix-sept ans, et qui dispose des documents juridiques lui permettant de fonctionner, en travaillant avec les hommes qui exercent des violences sur leurs partenaires et en décidant d'y mettre un terme.
Collective ofNew Men ofLa Laguna vise également à fournir une assistance technique pour renforcer les capacités de plaidoyer et de communication des jeunes femmes et hommes afin de mener des campagnes de sensibilisation contre la stigmatisation, la discrimination et la violence ; exploiter les capacités des jeunes eux-mêmes dans la gestion des problèmes qu'ils identifient et mener des actions de plaidoyer pour les inscrire à l'ordre du jour social et public ; sensibiliser les citoyens pour promouvoir un climat de tolérance, de paix et une meilleure qualité de vie.

Nous comprenons que le rôle de la jeunesse est nécessaire pour parvenir au développement et promouvoir l'équité sociale. Une société dans laquelle les jeunes femmes et les jeunes hommes sont informés de leurs droits, de leurs meilleures conditions de vie et de leur participation à la prise de décision a plus de chances d'atteindre ses objectifs.

L'objectif de ce document est de montrer la situation des jeunes à risque de la région de Laguna (Coahuila-Durango) et de proposer des alternatives pour résoudre ce problème.

L'importance du problème des jeunes à risque est due au niveau de violence enregistré dans ce pays, en particulier dans cette région, et au fait que "... c'est pour détruire une grande partie du capital humain que le système éducatif crée quotidiennement..." (Londono, Gaviria et Guerrero, 2000).

La cohésion sociale des sociétés latino-américaines dépend de la capacité à intégrer les jeunes en tant qu'acteurs sociaux centraux et non marginaux (Briseno- Leon 2002).

Cette proposition vise à travailler avec des enfants et des jeunes de la région de La Laguna et des hommes qui participent à un programme traitant de leur violence afin de prévenir la violence de genre, de promouvoir une qualité de vie et d'assumer un rôle de protagoniste dans le développement de leurs communautés. L'étude explore la manière dont la participation des enfants prend un sens dans les situations de conflit et de consolidation de la paix après un conflit. En particulier, il étudie comment les activités menées par les enfants et le renforcement des capacités des filles et des garçons peuvent améliorer le rôle des enfants en tant qu'agents de la paix.

La formation et l'éducation des jeunes à l'identification et à la modification des facteurs de risque et de protection nécessaires à la prévention de la violence urbaine à laquelle sont confrontés les gens d'aujourd'hui, y compris les jeunes, est une condition sine qua non pour que les jeunes puissent se positionner en tant qu'agents de changement et de développement au Mexique et plus particulièrement dans la région de La Laguna.

Les droits de l'enfant sont devenus synonymes de participation, en tant que droit durable pour tous les enfants, dans tous les domaines de leur vie. Pour atteindre cet objectif, nous devons revenir à la Convention relative aux droits de l'enfant et analyser attentivement les droits qu'elle incarne et les obligations spécifiques qu'elle impose aux gouvernements. Conformément à l'article 12 de la Convention des Nations unies relative aux droits de l'enfant (CNUDE) de 1990.

Les enfants de tous âges et de toutes capacités, y compris les plus marginalisés, devraient avoir leur mot à dire sur toute question les concernant. Cette participation doit être informée et volontaire. (Programa de Proteccion y Garantia de Derechos Humanos de Ninos y Adolescentes y Sistema Estatal de Garantia -2017) (Derechos Humanos Ninos y Adolescentes en Coahuila, 2014-2017) (Ley de los Derechos de las Ninas, Ninos y Adolescentes del Estado de Durango -2015), Programa para la Igualdad y No Discriminacion. Coahuila de Zaragoza 2014 2017 Ce sont quelques-uns des cadres juridiques qui ont été pris en compte pour ce document.

Coproduire un état de sécurité publique qui est le processus qui permet à tous les organismes étatiques et municipaux ainsi qu'aux institutions de la société civile, à l'industrie privée et aux résidents de participer de manière responsable à la construction d'une ville plus sûre, plus efficace et mieux coordonnée face aux problèmes de sécurité tels que les gangs, la violence dans les écoles, les quartiers stigmatisés ou les jeunes vulnérables à risque, etc.

La coproduction repose sur le fait que la sécurité est la responsabilité de tous et pas seulement du système de justice pénale. Cette hypothèse découle des causes multiples de la criminalité et des comportements antisociaux et de la nécessité d'une réponse multisectorielle coordonnée et intégrée (Moser, 2004).

Le rôle des jeunes dans cette initiative n'est pas celui de simples récepteurs, mais celui d'acteurs, d'organisateurs, d'artistes, de promoteurs et de multiplicateurs, c'est-à-dire que les jeunes constituent un groupe d'âge qui influe réellement sur le développement de la communauté. Ils fournissent du travail dans leurs communautés et mènent des négociations avec d'autres institutions et organisations. Le rôle du groupe des Hommes Nouveaux et de son homologue local -Living Women- un collectif de femmes, sera de coordonner, de suivre et de partager les responsabilités avec les différentes politiques de jeunesse dans le cadre d'un processus de formation.

La proposition adopte cinq lignes de travail :

- Analyse de la littérature sur la recherche et la politique concernant les enfants et les jeunes

   la participation des citoyens.

• Les compétences, les connaissances et l'expérience du collectif des nouveaux hommes de La Laguna et du groupe des masculinités, qui ont contribué au développement stratégique de la participation au sein de l'organisation et créé une série de ressources pour faciliter la participation des enfants et des jeunes.

• Les points de vue d'hommes et de managers impliqués dans New Men et d'autres organisations civiles.

• Le point de vue des fils et des filles d'hommes qui participent aux groupes de réflexion du collectif des nouveaux hommes qui ont été victimes de violence domestique et/ou d'activités criminelles.

• Études de cas démontrant le développement de la participation des jeunes au sein des organisations d'aide sociale comme antécédent, en tenant compte de deux projets dans le nord du Mexique et de deux expériences de projets au Nicaragua, en Amérique centrale et en Amérique du Sud.

Ce projet est destiné aux groupes cibles suivants :

3 Organisations de la société civile de chacune des quatre villes, Torreon et Matamoros, à Coahuila et Gomez Palacio et Lerdo à Durango, défenseurs des droits de l'homme, prestataires de services à la jeunesse et réponse à la violence.

200 étudiants universitaires et 200 jeunes des bidonvilles des polygones sélectionnés les plus touchés et les plus vulnérables à la violence et à la criminalité, qui seront sensibilisés par une campagne de communication et de plaidoyer afin de prévenir la violence et de réduire la discrimination fondée sur l'âge, le sexe, le statut social, etc.

50 jeunes femmes et hommes âgés de 12 à 18 ans ont été formés directement par le projet. Les bénéficiaires directs étaient le (groupe cible) Action.

Les bénéficiaires directs de ce projet ont publiquement exprimé leurs craintes aux autorités locales et à la communauté, profondément préoccupés par la grande vulnérabilité constatée et l'absence de protection due au manque de capacités institutionnelles et aux lacunes du système juridique pour répondre aux besoins de leur jeune statut, à la peur et aux sentiments d'insécurité dus à la violence et à la criminalité.

L'aliénation et la désorganisation sociale sont des facteurs à prendre en compte pour expliquer la violence urbaine dans les villes, le champ spatial où convergent la violence économique, politique et sociale (Vilalta 2010 ; Vilalta 2012). La région de La Laguna, dans les États de Coahuila et Durango, réunit ces caractéristiques.

Les sections de ce livre abordent les questions de la violence urbaine dans la région, 1) *Le problème, le contexte, la proposition de travail, le cadre théorique et la méthodologie utilisée.* 2) Les *modèles de travail avec les filles, les garçons, les jeunes et les hommes.* 3) *Le processus, les résultats et les conclusions de l'expérience.*

CHAPITRE 1

Le *problème, le contexte, la proposition de travail, le cadre théorique et la méthodologie utilisée.*

1.1 Contexte

En 1998, le collectif des hommes nouveaux est créé à la suite des efforts et de la réflexion de plusieurs hommes qui ont également reçu le soutien et l'encouragement de nombreuses femmes pour former dans la région de Laguna, à Coahuila et Durango, dans le nord du Mexique, un mouvement alternatif cohérent et solidaire avec les nouveaux changements que les femmes sont en train d'opérer et sensible aux graves problèmes de la violence domestique, des abus de pouvoir sexuels et sexistes commis par la plupart des hommes, principalement à l'encontre des femmes.

Les groupes d'éducation et de réflexion pour les hommes ont été conçus dans une perspective de genre, ce qui implique de développer des méthodologies d'autocritique, des formes proactives d'abus de pouvoir par le contrôle et le domaine que les hommes ont historiquement tendance à pratiquer dans leurs relations. Ces groupes devraient donc promouvoir une culture quotidienne de respect, d'intimité et d'équilibre spirituel, promouvoir la démocratie dans la vie intime et sociale des hommes et des femmes (Garcia 2007).

Au début de l'année 2004, le premier atelier de paternité "Paternité après la violence" ("*Paternar despues de la Violencia*" en espagnol) a été créé pour les hommes qui assistent à la violence contre leur partenaire et qui incorporent progressivement leurs enfants après un certain changement dans leur comportement violent.

1.2 Problème

Le travail avec les enfants et les jeunes fait partie de quinze années d'expérience, dans le travail avec les hommes qui utilisent la violence, les concepts de *"jeune"* et de *"développement"* sont implicites dans leurs propres histoires de vie d'hommes participant à des groupes de réflexion sur la violence et la masculinité, en tant que partie de son identité et des rôles de genre, mais aussi relationnellement à travers ses relations de paternité lorsqu'ils parlent de leurs discours sur les enfants. Depuis 2006, les conditions géographiques, politiques et économiques, ont considérablement impacté la région, entraînant l'émergence d'une violence urbaine et d'une criminalité organisée avec l'installation d'un état d'impuissance, de peur, d'insécurité et de méfiance de la part de la population.

2007, les droits de l'homme, en particulier ceux des femmes, sont violés, les centres d'accueil pour femmes victimes de violences extrêmes ont été fermés et les ressources destinées aux femmes ont été supprimées et utilisées à mauvais escient.

1.3 Contexte

L'Agenda 2030 pour un développement durable (2015) a fait des "sociétés pacifiques, justes et inclusives" une priorité mondiale en incluant la paix comme une question transversale et comme un objectif autonome. L'inclusion de l'objectif 16 donne l'occasion de s'attaquer aux obstacles à la paix, tels que la violence, le manque d'accès à la justice, les flux financiers et d'armes illicites, et l'exclusion politique.

Au niveau mondial, des discussions ont commencé sur la manière dont les donateurs, les agences multilatérales, les États membres et les organisations non gouvernementales (ONG) peuvent contribuer à la réalisation de l'objectif 16 par le biais de politiques et de programmes. Si l'on reconnaît la nécessité d'appliquer une perspective de genre à tous les efforts déployés pour atteindre l'objectif 16, la question de la forme que cela prendra reste largement inexplorée. Au cours du conflit, de nombreux enfants ont été séparés de leurs parents en raison des déplacements, de la pauvreté ou du décès des personnes qui s'occupaient d'eux. Les enfants non accompagnés et séparés sont exposés à un risque élevé d'abus, d'exploitation et de violence sexuelle en l'absence de soins parentaux. Depuis 2013, de nombreux garçons et filles ont été enlevés ou recrutés de force par des groupes armés, comme combattants, espions, cuisiniers ou esclaves sexuels. L'Unicef estime que jusqu'à 10 000 enfants ont été associés à des groupes armés. De nombreux enfants ont vu leurs maisons et leurs écoles détruites et leurs amis et parents attaqués par des groupes armés.

En 2007, le collectif des hommes nouveaux a dû faire face à de nouveaux changements structurels et systémiques dans le pays, à la violence urbaine, à la criminalité et aux activités liées au système de trafic de drogue. Cette situation a un impact sur les processus individuels des hommes participant aux programmes dans notre région, ce qui se traduit par la désertion, la violence familiale, l'agitation, l'insécurité, le chômage, la peur, la méfiance, etc.(Seidler 2007). Si la violence domestique et la violence à l'égard des femmes sont invisibles, les médias mettent davantage l'accent sur d'autres formes de violence émergentes liées au crime organisé et au trafic de drogue.

En raison de sa situation géographique, la région de La Laguna est le passage obligé vers les villes frontalières des États de Chihuahua et de Coahuila, à la frontière des États-Unis d'Amérique, et donc l'un des points les plus stratégiques pour le trafic et la vente de drogues. C'est pour cette raison que la lutte pour le territoire est devenue violente au cours des années 2009-2013.

Carte de la région de La Laguna au Mexique

La Laguna, comme cette région prospère est communément appelée, est composée de 16 municipalités, toutes de l'État de Durango et 5 de l'État de Coahuila, la population étant principalement concentrée dans les villes contiguës. L'aire métropolitaine de La Laguna ou de Torreon est la zone métropolitaine résultant de la fusion des villes de Torreon et Matamoros de l'État de Coahuila et des villes de Gomez Palacio et Lerdo de l'État de Durango.

Selon les résultats du recensement effectué par l'INEGI en 2010, (Censo de Poblacion y Vivienda (2010). Cette zone comptait une population d'environ 1 215 817 habitants sur une superficie de 5 078,9 km^2 .

Cette région a une vocation industrielle dans le domaine de la métallurgie, de la mécanique et de la fabrication. Il existe de grandes chaînes commerciales dédiées à différents produits originaires de La Laguna et à la fourniture de services publics et privés.

Les citoyens de cette partie du pays vivent dans la crainte du conflit territorial entre les deux principaux cartels, les Zetas et le Cartel de Sinaloa. Le mode de vie a changé dans cette région.

Certains services d'aide aux femmes victimes de violences de la part de leur partenaire, dont deux centres d'accueil pour les femmes et leurs enfants victimes de violences extrêmes, ont été fermés, l'un d'entre eux étant occupé par l'armée qui invoque la nécessité de faire face à l'augmentation de la violence dans la région et à l'accroissement des activités liées à la criminalité organisée.

La peur, la crainte et le sentiment d'insécurité se sont progressivement installés chez les hommes qui participent au programme et dans la population en général.

En ce qui concerne la question liée au système de trafic de drogue, dès 2004 et 2005, notre groupe d'hommes nouveaux a eu l'occasion de travailler pendant deux ans dans un centre de réadaptation sociale avec des hommes qui purgeaient une peine de dix ans pour des délits liés à la santé, des hommes impliqués dans des activités liées au trafic de drogue, en établissant un lien avec les hommes de Men Renouncing Their Violence (PHRSV) et en mettant en place un programme pour les hommes à l'intérieur de la prison (Garcia, 2008).

2010, une année où la situation de violence et de criminalité liée au système de trafic de drogue s'est complexifiée dans notre pays et notre région a commencé à convulser, les crimes ont augmenté, les morts collectives, les scénarios divers, les affrontements entre les éléments de la sécurité publique et militaire, les tireurs des différents cartels, les licenciements massifs de policiers, les cadres supérieurs, la corruption mise en accusation par les fonctionnaires, les enlèvements et l'hyper vigilance dans les rues jour et nuit par les forces de police municipales, d'état et locales, les niveaux fédéraux et militaires. Les contextes, les routines, les horaires, les relations de la population ont été affectés, les espaces qui étaient auparavant des espaces de construction de la citoyenneté, de socialisation entre les habitants ont disparu, les lieux de loisirs pour les jeunes ont été fermés. Des violations de toutes sortes sont apparues, violation des droits de l'homme, blanchiment d'argent, enlèvements d'entrepreneurs, droit de vivre une vie sans violence, les gens ont dû quitter leurs études, leur travail, voire leur lieu de résidence.

Avec ces scénarios en 2008, en travaillant avec des hommes, les programmes ont été restructurés pour inclure les enfants et les jeunes, renforcés par la contribution de méthodologies récréatives issues de l'éducation populaire. Tout au long du jeu, différents types de leadership sont explorés entre des groupes de garçons et de filles, qui identifient leurs propres qualités et celles des autres. Il est important que l'animateur, les mentors et les jeunes participants se suivent de près.

1.4 Options

Le fait de rejoindre des réseaux et des groupes en Amérique centrale et du Sud, aux États-Unis et en Europe, a permis à New Men de repenser ses actions en tant que groupe, ses engagements sociaux et ses défis face à de nouvelles réalités.

Avec ces attentes, New Men a été appelé à participer à des projets communs, dont les contreparties connaissent son histoire et donc les possibilités de travail en commun affichées pour offrir des alternatives afin de préserver le droit des citoyens à vivre une vie de qualité, sans violence.

Le travail au sein de programmes d'intervention auprès des hommes et l'expérience avec les jeunes de la région ont permis de s'aventurer dans d'autres domaines de travail à l'extérieur du pays, tels que le VIH et le sida, les droits de l'homme et la diversité sexuelle, avec différents groupes de population, la police, l'armée, les groupes confessionnels, les descendants africains, etc.

Au cours des années 2009-2013, j'ai eu l'occasion d'échanger des expériences en tant que spécialiste des masculinités en Amérique centrale, au Nicaragua, où j'ai participé à deux projets : "*Promotion y defensa de los DDHH de personas viviendo con VIHy SIDA y prevention con enfoque de equidad (DCI-NSAPVD/2008/168-234)* et "*Promover la Prevention del VIHy Sida en 31 Zonas de Intervention en 23 Municipios de Nicaragua, desde un Enfoque de Genero, Generationaly de Derechos Humanos (DCI-NSAPVD/2008/168- 234)* " financés par l'Union européenne et Progressio, une ONG de Londres, Action Aid, une agence espagnole de coopération internationale, et Center for Information and Health Advisory Services (CISAS), une ONG du Nicaragua, ces expériences ont inspiré ce modèle de travail avec les garçons et les hommes sur des thèmes sensibles au genre.

1.5 Décisions

De 2009 à 2013, on considère qu'il s'agit d'une période de transition dans la vie du groupe des Hommes Nouveaux de La Laguna au Nord du Mexique, marquée par des scénarios contextuels locaux et nationaux qui ont exigé une réflexion plus profonde sur ce qui était fait, afin de systématiser les expériences qui permettraient de concevoir de nouvelles stratégies pour répondre aux nouveaux défis exprimés par les personnes préoccupées par les conditions de la criminalité, de la violence et des violations des droits des individus et en particulier des groupes les plus vulnérables, tels que les femmes, les enfants, les jeunes, et les groupes de diversité sexuelle, ethnique, religieuse et politique. Ainsi, New Men a relevé le défi de rechercher des alternatives plus formelles pour prévenir la violence à travers l'implication, la protection et la participation des filles, des garçons et des jeunes qui sont les plus vulnérables et affectés par la violence criminelle.

Des espaces conviviaux ont été créés en tant que stratégie visant à fournir des services intégrés de protection et d'éducation des enfants et des jeunes dans les situations de conflit. Les enfants ont grand besoin d'espaces physiquement sûrs pour jouer, apprendre et se socialiser. Les parents, les enfants et les chefs de communautés ont également exprimé le besoin pour les filles et les garçons de pouvoir jouer en dehors de leurs maisons, car le risque des groupes armés est devenu un facteur d'isolement social dans la communauté.

1.6 La proposition

L'objectif global du projet est de sensibiliser et de former les filles, les garçons et les jeunes leaders des deux sexes de la région de La Laguna et les personnes travaillant avec les jeunes à l'identification des facteurs de risque dans les zones de conflit, aux comportements sexistes et violents par des cours, des ateliers, des discussions et des camps, à travers des méthodes ludiques telles que les clowns, les marionnettes, le théâtre de rue, les jeux de rôle, les jeux, les ciné-forums, etc.

Cette proposition adopte cinq lignes de travail, basées sur les propositions de Polly Wright, Claire Turner, Daniel Clay et Helen Mills :

- *Analyse de la littérature sur la recherche et la politique concernant la participation des enfants et des jeunes.*

Une étude bibliographique a été réalisée en tenant compte d'une approche systémique de la participation afin de susciter des changements ou des améliorations dans leurs services. Cette approche suggère qu'il y a quatre parties du développement des services qui doivent être prises en compte : *La culture, la structure, la pratique et l'examen.*
Quelle est la *culture de* la participation des enfants et des jeunes dans une région comme La Laguna ? Qui doit faire preuve d'un engagement en faveur de la participation des enfants et des jeunes ? Cet engagement est-il partagé par les adultes, les décideurs et les enfants eux-mêmes ?

Comment planifier et développer les *structures* nécessaires pour permettre aux enfants et aux jeunes de devenir des participants actifs ? Y compris le personnel, les ressources, les processus de décision et de planification.

Quels degrés de *pratique* participative les enfants et les jeunes peuvent-ils atteindre ? La pratique du leadership des filles, des garçons et des jeunes constitue-t-elle une bonne stratégie d'autonomisation ? Les organisations publiques et privées tiennent-elles compte de l'approche de genre pour les besoins des filles et des femmes ?

L'examen permet-il d'enregistrer la manière dont les enfants et les jeunes ont été activement impliqués et, plus important encore, la manière dont la participation a contribué à modifier leur comportement ou à améliorer les services sociaux ? Qu'en est-il du processus de suivi et d'évaluation de la participation des enfants et des jeunes ?

- *Les compétences, les connaissances et l'expérience du collectif des hommes nouveaux de La Laguna et du groupe des masculinités, qui ont contribué au développement stratégique de la participation au sein de l'organisation et créé une série de ressources pour faciliter la participation des enfants et des jeunes.*

Les processus de changement personnel (individuel) réalisés dans les groupes d'hommes ne sont pas suffisants pour construire l'égalité des sexes, décider de mettre fin à notre violence à l'égard des femmes et y parvenir implique une remise en question partielle de la masculinité, repenser et réfléchir à l'expérience individuelle d'"être un homme" et à la possibilité de donner un nouveau sens à nos vies. L'autre dimension du concept de masculinité est la masculinité en tant que concept structurel-idéologique qui est à l'origine du programme caché du sexisme ; les mandats sociaux, la désignation des rôles pour les hommes et les femmes sur la base de la différence biologique.

Le concept de masculinité de New Men n'est pas seulement une question liée à l'opinion de la construction de l'identité des hommes, mais il est compris comme un outil opérationnel pour l'analyse des réalités.

En 2006, l'assistance aux groupes de prévention de la violence et de la masculinité a commencé à décliner, les thèmes du chômage, des difficultés économiques et des tensions familiales étaient les commentaires de ceux qui participaient encore aux groupes. La violence familiale et la violence fondée sur le genre ont commencé à devenir invisibles dans les nouvelles et les médias, les crimes et les homicides ont été ceux qui ont suivi.

Progressivement, la peur s'est installée, la peur et le sentiment d'insécurité tant chez les hommes participant aux groupes que dans la population générale.
Le collectif des hommes nouveaux de La Laguna organise un atelier intitulé *"Paternar despues de la Violencia"*, destiné aux hommes qui se trouvent dans un processus de changement de leur comportement en matière d'abus et de violence à l'égard de leurs épouses et de leurs enfants, ainsi qu'au projet "Deconstruyendo el Sexismo entre los Jovenes" : *"Deconstruyendo el Sexismo entre los Jovenes : Una alternativa para Prevenir la Violencia de Genero "* a été réalisé.

Ces expériences ont contribué à la recherche de nouvelles formes de coexistence avec les enfants qui ont été les témoins silencieux de la violence dans leurs foyers et leurs communautés, à la recherche d'alternatives pour mettre fin à ces abus, à la violence envers les mères de ces enfants et au soutien de ces dernières en coresponsabilité avec elles.

-　　　***Les points de vue des hommes et des cadres impliqués dans New Men et d'autres organisations de la société civile.***

　　　organisations

-　　　Le trafic de drogue et les activités violentes qui y sont liées peuvent avoir des effets dévastateurs sur la vie des enfants. Ils ont souvent pour conséquence que des filles et des garçons deviennent orphelins, sont séparés de leur famille, recrutés dans des groupes armés, victimes d'abus sexuels, de la traite ou de la mort, comme c'est souvent le cas, plusieurs de ces situations en même temps.

-　　　Les filles jouent dans un nouvel espace pour enfants construit par des hommes à La Laguna.

-　　　Conformément à l'article 12 de la Convention des Nations unies relative aux droits de l'enfant (CNUDE), le collectif des hommes nouveaux de La Laguna estime que les enfants de tous âges et de toutes capacités, y compris les plus marginalisés, devraient avoir leur mot à dire sur toute question les concernant. Cette participation doit être informée et volontaire. Nous pensons que la participation est une façon de travailler et un principe essentiel qui devrait être appliqué dans tous les domaines - du foyer au gouvernement, du niveau local au niveau international.

- En tant qu'organisation, nous encourageons la participation comme méthode de travail dans nos programmes pour les communautés.

- Pour que les jeunes puissent exprimer leurs opinions sur les questions qui les concernent (article 12), ils ont besoin d'informations (article 17) et doivent pouvoir se réunir avec d'autres pour discuter de ces questions (article 15). Sans liberté d'expression et de pensée (articles 13 et 14).

- Lors d'une situation d'urgence, les enfants ne sont pas seulement confrontés à de nouvelles menaces en matière de protection, mais les problèmes existants sont également exacerbés et les mécanismes et systèmes de protection de l'enfance peuvent être sapés ou endommagés.

- La protection des enfants dans les situations d'urgence est donc urgente et vitale.

-Les objectifs du millénaire pour le développement ont été pris en compte. Ils ont fourni un cadre important pour le développement et des progrès significatifs ont été réalisés dans un certain nombre de domaines. Dans notre cas,

Objectif 3. Garantir une vie saine et promouvoir le bien-être de tous à tout âge.

Objectif 4. Assurer une éducation de qualité inclusive et équitable et promouvoir les possibilités d'apprentissage tout au long de la vie pour tous.

Objectif 5. Parvenir à l'égalité des sexes et à l'autonomisation de toutes les femmes et de toutes les filles.

Objectif 11. Rendre les villes et les établissements humains inclusifs, sûrs, résilients et durables.

Objectif 16. Promouvoir l'avènement de sociétés pacifiques et ouvertes à tous aux fins du développement durable, assurer l'accès de tous à la justice et mettre en place, à tous les niveaux, des institutions efficaces, responsables et ouvertes à tous.

Nous prenons également en compte la Déclaration de Delhi : *Appel à l'action de Delhi* (2e symposium mondial MenEngage 2014)

Impliquer les hommes, les jeunes et les enfants pour qu'ils soient plus justes et rejettent toutes les formes de violence, telles que la violence à l'égard des femmes, les mariages d'enfants, les mariages forcés, la sélection sexiste et la mutilation des organes génitaux.

Encourager les hommes, les jeunes et les enfants à remettre en question toutes les inégalités, y compris les plus structurelles.

- *Le point de vue des fils et des filles d'hommes qui participent aux groupes de réflexion dans les pays de l'Union européenne.*

   Collectif d'hommes nouveaux ayant eu une expérience de la violence domestique et/ou des activités criminelles.

Face aux événements de crimes et de violence, les enfants et les jeunes expriment leurs expériences de manière différente, les garçons disent manquer d'opportunités, être séduits par la vie facile, l'adrénaline et l'imitation de leurs nouveaux héros, faire partie d'un groupe craint et respecté de criminels impunis. Mais d'un autre côté, ils évoquent les expériences d'abus et de violence au sein de leur famille, l'abandon et le manque d'amour. Certains jeunes jouent avec l'idée qu'ils peuvent vivre dans le luxe pendant quelques années, indépendamment de la facture violente.

Au contraire, la plupart des filles ont déclaré ne pas se sentir en sécurité chez elles, dans leurs relations et dans la rue. Les filles ont déclaré qu'elles ne se sentaient pas en sécurité dans les transports publics, qu'elles se promenaient seules en public ou qu'elles se trouvaient en public après la tombée de la nuit. Outre la menace et la crainte de violences physiques et sexuelles, elles ont déclaré être harcelées verbalement par des garçons et des hommes dans la rue.

Quant aux hommes, ils ont exprimé la peur d'être seuls dans la rue, de conduire leur véhicule au coucher du soleil ou la nuit, d'être confondus par des personnes prétendument liées à des activités de trafic de drogue, beaucoup d'insécurité, le désarroi dû au chômage, les difficultés économiques et les tensions familiales ont été les commentaires de ceux qui fréquentaient encore les groupes de notre collectif.

- *Des études de cas démontrant le développement de la participation des jeunes au sein des organisations d'aide sociale comme antécédent, en prenant en compte deux projets dans le nord du Mexique et deux expériences de projets au Nicaragua, en Amérique centrale.*

EXPÉRIENCES ANTÉRIEURES

1) La paternité affective

Une série d'ateliers *"Paternar despues de la Violencia"* s'adresse aux hommes qui sont dans un processus de changement de leur comportement en matière d'abus et de violence. Chercher de nouvelles façons de coexister avec les enfants qui ont été les témoins silencieux de la violence dans leur foyer, trouver des alternatives pour mettre fin à ces abus, à la violence envers les mères de ces enfants et les soutenir dans la coresponsabilité avec elles.

2) *"Déconstruire le sexisme entre les jeunes : Une alternative pour prévenir la violence de genre"*.

Un projet sur le sexisme intériorisé présent dans le schéma des croyances des hommes et des femmes, la dissimulation du curriculum et le conditionnement ou l'oppression des hommes. Une première phase initiale a été réalisée au cours des mois d'octobre, novembre et décembre 2006, avec des jeunes âgés de 16 à 20 ans et du personnel d'organisations travaillant avec les jeunes dans la région de La Laguna (Coahuila-Durango).

Suite aux expériences directes vécues à Torreon, Coahuila, au cours des dix dernières années, dans le but de mettre fin à la violence à l'encontre de nos femmes, il s'est avéré nécessaire de rechercher des alternatives à la prévention, en identifiant certains indices susceptibles d'intégrer ce travail, le genre, les stéréotypes, les rôles, le conditionnement social et le sexisme. La population étudiée se compose de 119 jeunes des deux sexes et de 120 personnes appartenant à des organisations qui travaillent avec les jeunes.

Cette inclusion s'est faite par le biais d'une lettre d'invitation adressée aux organisations avec lesquelles New Men entretient une relation de travail. A l'origine, le projet devait s'adresser aux jeunes qui ne sont pas dans le système éducatif formel, mais pour des raisons de temps, seuls les jeunes qui fréquentent les écoles et les universités ont été inclus, en profitant de la collaboration des enseignants dans la distribution de l'appel.

3) *"Promotion et défense de la santé des personnes vivant avec le VIH/sida et de la prévention, dans un souci d'équité"*.

Progressio, une ONG de Londres et le Centro de Informacion y Servicios de Asesoria en Salud (CISAS) au Nicaragua, ont réalisé ce projet financé par l'Union européenne. Ce projet s'adressait aux bénéficiaires et aux bénéficiaires directs du projet, aux femmes et aux hommes atteints du VIH/sida et à leurs familles, aux prestataires et aux fournisseurs de services des organisations publiques et de la société civile, ainsi qu'aux responsables et aux décideurs dans le domaine du VIH, du sida et de la violence. Ce projet s'adressait également aux prestataires de services, aux décideurs et aux leaders d'opinion, aux personnes séropositives, aux jeunes en cours de formation, aux personnes ayant des besoins spécifiques, comme les personnes appartenant à des groupes confessionnels ou les personnes issues de la diversité sexuelle et de genre.

Une stratégie de communication a été élaborée et un groupe de 30 jeunes âgés de 9 à 18 ans a été constitué. Des filles et des garçons ont été formés en tant que promoteurs principaux pour leurs communautés par le biais d'ateliers, de camps, de jeux et d'activités théâtrales de rue.

Un autre groupe fondamental pour cette proposition est celui des jeunes qui, avec la population adulte, ont participé au processus de sensibilisation, de formation et d'élaboration du projet.

4) "Promouvoir la prévention du VIH/sida dans 31 zones d'intervention de 23 municipalités du Nicaragua, d'un point de vue générationnel et des droits de l'homme".

Le projet s'inscrit dans la réalité des personnes atteintes du vih et du sida et de leur relation avec les inégalités entre les sexes, les générations et les droits de l'homme, comme le montrent de nombreuses recherches dans ce domaine.

concevoir et mettre en œuvre un projet visant à aborder de manière intégrée la prévention du VIH dans 23 municipalités du Nicaragua, par le biais d'un changement d'attitude à l'égard de la stigmatisation, de la discrimination et de la violence à l'égard des personnes atteintes du VIH et du sida, en réalisant l'exécution du projet, en travaillant essentiellement avec les hommes dans le cadre de l'ouverture d'une réflexion sur la prévention du VIH et du sida, et en mettant en œuvre un programme de formation à l'intention du personnel de l'administration centrale.

le vih et sa relation avec le genre et la violence générationnelle. De même, il est proposé de mettre l'accent sur le sujet du VIH et d'observer les conséquences de la stigmatisation, de la discrimination et de la violence qui sont présentes à travers des ateliers, des activités ludiques et des ciné-forums. Il s'agit d'une convention de collaboration entre Ayuda en Accion et le Centro de Informacion y Servicios de Asesoria en Salud (CISAS) au Nicaragua.

EXPÉRIENCES RÉCENTES

1.7 Objectifs spécifiques et résultats attendus :

Objectifs : Contribuer à l'amélioration de la qualité de vie de 50 jeunes femmes et hommes en promouvant une culture de la paix, en encourageant l'exercice des droits de l'homme et de la justice de genre, en favorisant la réduction de la violence, en particulier dans les villes de Torreon, Matamoros à Coahuila, Gomez Palacio et Ciudad Lerdo.

Augmenter le niveau de participation et la capacité de 50 jeunes hommes et femmes à prendre des décisions et l'implication des hommes dans la prévention de la violence, promouvoir leur leadership pour influencer les politiques publiques qui contribuent à améliorer leur qualité de vie, un plus grand engagement civique et la participation à la vie politique et aux institutions publiques.

Résultats : 1)Formation de 50 jeunes femmes et hommes aux stratégies, aux plans de plaidoyer, à la communication, au genre et à la masculinité, activement impliqués dans la prévention et le plaidoyer autour de la réduction de la violence, de l'amélioration de la qualité de vie et de la participation à la vie politique. 2)Promotion d'un changement d'attitudes et de comportements à l'égard des stéréotypes traditionnels de la masculinité et de leur lien avec l'exercice de la violence.

3) Renforcement des capacités institutionnelles des organisations partenaires impliquées dans la promotion et la défense des droits humains des femmes et des jeunes hommes dans la prévention de la violence et la qualité de vie.

1.8 Cadre théorique

Dans le cadre de ses politiques de protection de l'enfance et de participation, Collective ofNew Men a identifié plusieurs actions, notamment
- Veiller à ce que les enfants et les adolescents soient conscients de leurs droits et du rôle actif qu'ils peuvent jouer dans la protection de l'enfance.
- Donner régulièrement l'occasion aux filles et aux garçons d'exprimer leurs préoccupations, de sorte que tout problème de protection puisse être entendu et traité.
- Permettre aux enfants et aux adolescents de jouer un rôle plus actif dans leur propre développement, leur protection et leur participation aux décisions.
- Promouvoir la participation des enfants et des adolescents à toutes les questions concernant leur vie.

Les contenus méthodologiques s'appuient sur la conviction que le changement social passe par l'éducation. Par conséquent, la méthode la plus efficace pour la communauté est la *pédagogie féministe*, ainsi que l'*éducation non formelle et l'éducation populaire*. La pédagogie féministe se concentre sur les relations de pouvoir, les hiérarchies et les oppressions dans la violence globale contre les femmes, l'éducation populaire se concentre sur les expériences personnelles, la réflexion, la confrontation et l'action pour changer les événements, encourage l'autogestion, en dehors du système d'éducation officiel.
Le constructionnisme social, en tant qu'outil méthodologique permettant de rendre compte de l'apprentissage de la vie quotidienne, de sa possible dé-construction et re-signification pour donner un autre sens à la vie, et la *masculinité* en tant qu'outil opérationnel d'analyse des réalités.

À partir d'un système de croyances culturelles et transmises de génération en génération, la construction sociale du genre et les identités sexuelles des hommes et des femmes sont différentes, cette différence a été placée au désavantage des femmes et des filles par rapport aux garçons et aux hommes, dans l'accès aux ressources et la capacité à prendre des décisions.

Les normes et les rôles socialement prédéterminés pour les hommes et les femmes ont rendu invisible la participation des femmes dans les pays en développement. Cette discrimination est également exacerbée pour les jeunes filles et les jeunes garçons dont la stigmatisation, la discrimination et la violence nuisent à leur qualité de vie et au développement de leurs capacités.

La question de l'inégalité entre les hommes et les femmes et de la violation des droits a été abordée par divers organismes internationaux dans des contextes différents.

Voici quelques conventions et traités qui encadrent les actions mentionnées en faveur de l'égalité et de la non-violence à l'égard des femmes et au bénéfice notamment des populations vulnérables.

Dans le cadre du concept de développement équitable défini dans le Rapport sur le développement dans le monde (Banque mondiale, 2006), les femmes, quelle que soit leur région, sont "piégées" par l'inégalité et n'ont qu'un accès limité aux avantages du développement. Pour parvenir à une solution qui permette de sortir de ces pièges, il faut des systèmes économiques et juridiques offrant les mêmes opportunités à tous les individus, indépendamment de leur race, de leur sexe, de leur croyance ou de leur lieu de naissance.

La violence à l'égard des femmes a été un facteur empêchant le développement des pays en général et des femmes en particulier. La Convention sur l'élimination de toutes les formes de discrimination à l'égard des femmes (CEDAW), des Nations Unies, prévoit des cadres réglementaires équitables, conformes au droit international et respectueux des droits fondamentaux des femmes, y compris le droit de vivre une vie exempte de violence (Tijerino 2008).

La Conférence internationale sur la population et le développement (CIPD) qui s'est tenue au Caire (Égypte) en 1994, dans le cadre de son programme d'action, fait référence à deux de ses contenus relatifs à l'équité, à savoir le chapitre IV sur l'égalité et l'équité entre les sexes et l'autonomisation des femmes et le chapitre VII sur les droits et la santé en matière de procréation (WOMEN, 2009).

La Déclaration du Millénaire des Nations Unies, signée par les dirigeants mondiaux en septembre 2000, représente un engagement de la communauté internationale à combattre la pauvreté, la faim, la maladie, l'analphabétisme, la dégradation de l'environnement et la discrimination à l'égard des femmes.

Dans les traités et conventions internationaux que différents pays ont signés et ratifiés sur le développement, les recommandations qui en découlent mettent l'accent sur l'implication des jeunes et des hommes en tant que protagonistes actifs de ces processus.

Les recommandations de la déclaration de Rio de Janeiro proposées lors du symposium mondial "Engager les hommes et les garçons dans l'égalité des genres" qui s'est tenu en 2009 à Rio de Janeiro, au Brésil, affirment que de nombreux hommes souffrent du fait que, dans notre monde, le pouvoir masculin ne désigne pas seulement le pouvoir exercé par les hommes sur les femmes, mais aussi la domination de certains groupes d'hommes sur d'autres hommes. Trop d'hommes et trop de femmes vivent dans une extrême pauvreté, sont dégradés et contraints de travailler dans des conditions dangereuses et inhumaines. Beaucoup d'hommes portent de profondes cicatrices pour avoir essayé de répondre aux exigences impossibles de la virilité et du confort et courent un risque terrible, celui de la violence, de l'autodestruction, de l'alcool ou de la drogue. Beaucoup d'hommes sont stigmatisés et punis simplement parce qu'ils aiment, veulent ou ont des relations sexuelles avec d'autres hommes.

Plus de 1200 activistes / professionnels de 94 pays et avec une grande variété d'antécédents organisationnels, se sont rencontrés lors du deuxième symposium mondial MenEngage à New Delhi, en Inde, en 2014.
Le fait d'atteindre les garçons pendant les années critiques de leur éducation contribuera à l'amélioration de la qualité de vie des enfants.

la création d'une nouvelle génération d'hommes ayant un comportement plus positif à l'égard des femmes, des enfants, des hommes et des personnes transgenres. Il est essentiel de sensibiliser les enfants dès la petite enfance et de continuer à impliquer les adolescents, en les préparant à devenir des personnes sensibles au genre et compatissantes.

Droits de l'enfant
La Convention relative aux droits de l'enfant (1989) reconnaît pour la première fois que l'enfant a le droit d'exprimer son opinion, d'être entendu, de s'associer. Elle reconnaît l'enfant comme un sujet à part entière, avec des droits et des responsabilités. Grâce au Centre de Loisirs et à d'autres espaces de loisirs, vous pouvez promouvoir le rôle *"activiste"* des garçons et des filles et leur participation à la communauté peut être encouragée, afin qu'ils puissent exprimer leurs idées et leurs opinions sur des questions qui les concernent, telles que : participer à la conception d'espaces de jeux dans la ville, d'installations sportives, de changements culturels urbains, faire des réclamations, des projets de quartier, des projets pour le quartier, etc.

Convention des Nations unies sur les droits de l'enfant

Selon la Convention des Nations unies relative aux droits de l'enfant, les enfants de tous âges ont le droit de participer à toute affaire les concernant et de voir leurs opinions prises en considération. Les enfants sont des citoyens dès leur naissance, mais ils sont souvent traités comme s'ils étaient moins importants que les adultes et que leurs opinions avaient moins d'importance. Les adultes ont naturellement plus de pouvoir que les enfants. La manière dont ils choisissent d'exercer ou de partager ce pouvoir peut permettre ou empêcher les enfants de réaliser leur potentiel en tant que citoyens actifs. Les enfants et les adultes ont besoin d'aide pour apprendre à aborder ces questions afin de pouvoir se respecter et collaborer les uns avec les autres.

1.9 Méthodologie

La méthodologie d'autonomisation utilisée pour les filles et les garçons a permis de développer et de gérer des *espaces conviviaux pour les enfants et des stratégies de participation des enfants* axées sur les mesures de sécurité locales et le développement d'actions visant à réduire la violence affectant les enfants et les jeunes en raison de leur statut de groupes vulnérables, tels que les exclus de l'éducation, les victimes de la violence familiale et intergénérationnelle.

Les informations de ce document ont été tirées de divers documents qui constituent des processus de systématisation de l'expérience collective des Hommes Nouveaux de La Laguna, tels que des vidéos, des ateliers, des mémoires et des camps. Au départ, nous avons travaillé avec des filles et des fils de femmes et d'hommes participant à des programmes de prise en charge de la violence. Ces trois dernières années, l'appel a été lancé aux enfants de 7 à 16 ans, élargi aux jeunes de 17 à 25 ans, indépendamment de leurs caractéristiques et de leur âge.

l'histoire individuelle et familiale. Parmi ces groupes de jeunes, un groupe de 50 dont les caractéristiques de leadership au sein de sa famille ont été sélectionnées, l'école, la communauté ou le groupe de pairs par son affirmation dans ses actions et attitudes, mais aussi pour être proactif, générant du capital social et symbolique et de l'auto-négation de leader. Ce groupe s'informe et se forme sur une période de quatre ans, par le biais d'activités sur le terrain, comme des camps, des ateliers et des réunions avec des contenus thématiques sur les droits de l'homme, le genre et la masculinité, la santé sexuelle et reproductive, la prévention de la violence, la justice en matière de genre, la qualité de vie, etc.

Les jeunes plus âgés ont également été formés en tant que mentors pour les plus jeunes, après que les plus âgés ont quitté le groupe pour diverses raisons et intérêts, les mineurs continuent à exercer leur leadership dans leurs relations interpersonnelles, à l'école, dans leur famille et dans la communauté où ils vivent.

Un engagement de ce groupe clé est la multiplication de l'apprentissage, des connaissances et des compétences avec leurs paires, la capacité d'une plus grande participation à la prise de décision.

CHAPITRE 2

Modèles de travail avec les filles, les garçons, les jeunes et les hommes.

2.1 Travailler avec les filles et les garçons

Les jeunes leaders ont été formés en tant que promoteurs et promoteurs communautaires. Ils étaient des mentors pour les enfants plus jeunes

La méthodologie d'enfant à enfant dans les espaces amis des enfants et la participation des enfants sont la manière dont les enfants travaillent actuellement - ils gagnent des espaces au milieu d'une société d'adultes. C'est une façon de reconnaître le caractère moteur, c'est-à-dire de stimuler et de faire progresser l'organisation des enfants pour faire face aux problèmes de santé, d'éducation, d'insécurité et de discrimination, afin qu'ils soient en mesure de promouvoir et de défendre leurs droits.

Ces méthodologies sont axées sur l'Alegremia (la joie qui circule dans le sang), elles sont partagées avec des femmes rurales du nord de l'Argentine et d'autres scénarios, elles parlent des besoins vitaux les plus élémentaires ; air, eau, nourriture, abri, amour, art, apprentissage (Aire, Agua, Alimento, Habitacion, Amor, Arte, Aprendizaje), c'est le "A" des lettres initiales des mots espagnols pour unifier notre

28

vie avec le cosmos (Centro de Capacitacion Estudio y Difusion Nino a Nino, Cuenca, Ecuador).

Méthodologie de l'enfant à l'enfant

En l'absence d'adultes à la maison ou dans la communauté pour diverses raisons telles que les catastrophes naturelles, les cyclones, les ouragans, les situations de guerre, les conflits, la violence politique et économique, la criminalité, la pauvreté ou les migrations, les enfants ont dû faire face aux responsabilités des adultes.

Les guides d'activités "d'enfant à enfant" ont été conçus pour aider les enfants à savoir comment améliorer la santé des autres enfants, de leur famille et de leur communauté. Les thèmes abordés sont importants pour la santé et la sécurité de la communauté et correspondent à l'âge, aux intérêts et aux expériences des enfants. Les filles et les garçons ont pu gagner leur vie grâce à un processus de formation qui comprend les niveaux de travail suivants.

- *Définition du problème.* Les enfants définissent les problèmes qui les affectent,
- *Reconnaître le problème* et la manière dont il les affecte et donc l'adapter au travail et apporter des solutions.
- *L'étude du problème.* Les enfants et les adolescents analysent bien tous les aspects du problème, étudient d'où ils viennent et pourquoi ils surgissent, et tout ce qui les affecte ; quels sont les symptômes et les conséquences.
- *Planification du problème.* Ils se définissent eux-mêmes et déterminent les actions qu'ils peuvent entreprendre pour lutter contre le problème et développer des mesures préventives et correctives, en essayant de trouver des solutions ensemble, en intégrant d'autres enfants, leurs familles et la communauté dans les activités.
- *Processus d'évaluation.* Les enfants et les adolescents travaillent au fonctionnement de leurs processus ; ils évaluent constamment le travail effectué pour connaître leurs forces et leurs faiblesses et s'efforcer de l'améliorer en permanence, en développant leur esprit critique à l'égard de la réalité qu'ils vivent et leur désir de la transformer.

Les filles et les jeunes enfants aux premiers stades de la participation à Camping

Les garçons et les filles deviennent des personnes qui proposent des actions pour résoudre les problèmes, qui ne sont pas seulement des observateurs et des victimes, mais des acteurs qui coopèrent pour améliorer leur propre santé, leur sécurité et leur environnement.

Cette nouvelle attitude des filles et des garçons se traduit de trois manières :

- D'enfant à enfant. C'est en partageant son apprentissage et en collaborant avec ses frères et d'autres enfants de la communauté.
- De l'enfant à la famille. Ils travaillent ensemble au sein de la famille et contribuent à la diffusion des connaissances nécessaires à la résolution des problèmes et à la prise de décision pour les combattre.
- De l'enfant à la communauté. L'acceptation de l'enfant dans l'organisation communautaire permet la diffusion de son apprentissage au sein de la même communication et influence avec les autorités, les voisins et les camarades de classe.

Participation des enfants

La participation consiste à donner aux enfants la possibilité d'exprimer leur point de vue, d'influencer la prise de décision et d'obtenir des changements.

Pour que les jeunes puissent exprimer leurs opinions sur les questions qui les concernent (article 12), ils ont besoin d'informations (article 17) et doivent pouvoir se réunir avec d'autres pour discuter de ces questions (article 15). Sans la liberté d'expression et la liberté de pensée (articles 13 et 14), la Convention des Nations unies relative aux droits de l'enfant (CNUDE).

Formation des enfants sur la construction sociale des identités (Nicaragua 2010-2012)

Formation des enfants sur la participation et le leadership (Mexique 2010-2012)

La participation des enfants leur donne les moyens d'agir :

- Les enfants développent de solides compétences en matière de communication.
- Ils acquièrent un sentiment d'accomplissement et croient davantage en leur propre capacité à faire la différence.
- Les enfants qui ont l'habitude de s'exprimer peuvent être plus loquaces en cas de maltraitance ou d'exploitation.
- Ils acquièrent des connaissances politiques et sociales et prennent conscience de leurs droits et responsabilités.
- La participation des enfants conduit à la réalisation d'autres droits.
- Les enfants apprennent à devenir des citoyens actifs et responsables.
- Travailler ensemble permet de développer des relations positives entre les enfants et les adultes ; cela permet de promouvoir une image positive des enfants au sein de leurs communautés, parmi les professionnels et parmi leurs pairs.
- Le fait d'avoir un rôle significatif à jouer au sein d'un projet crée des opportunités de développement personnel pour les enfants qui sont souvent exclus.
- Faire participer les enfants à notre travail permet de les protéger et d'éviter qu'ils ne soient invisibles lors de l'examen de projets, de l'élaboration de politiques, de la conception de services ou de la prise de décisions qui ont une incidence sur leur vie.
- Les enfants sont habilités à demander des comptes aux responsables, afin de s'assurer que les adultes pensent et se comportent d'une manière qui respecte les enfants et l'enfance.

2.2 Travailler avec les jeunes

Formation des jeunes sur le leadership et la justice en matière de genre

La formation et l'éducation des jeunes à l'identification et à la modification des facteurs de risque et de protection nécessaires à la prévention de la violence urbaine à laquelle sont confrontés les gens d'aujourd'hui, y compris les jeunes, sont indispensables pour que ces jeunes puissent se positionner en tant qu'agents de changement et de développement au Mexique et plus particulièrement dans la région de La Laguna.

Le travail avec les jeunes a commencé officiellement par un projet sur le sexisme intériorisé présent dans les schémas de croyances des hommes et des femmes, les programmes sexistes cachés et le conditionnement masculin ou l'oppression des hommes.

A first initial phase was conducted during the months of October, November and December 2006, young people 16 to 20 years and staff of organizations working with young people in the Region (Coahuila-Durango).

Formation sur la déconstruction du sexisme chez les jeunes

Suite à des expériences directes à Torreon, Coahuila, au cours des dix dernières années, dans le but de mettre fin à notre violence envers nos femmes, nous avons constaté la nécessité de rechercher des alternatives pour prévenir, identifier les indices qui pourraient intégrer ce travail, le genre, les stéréotypes, les rôles, le conditionnement social, le sexisme. Ils comprenaient 119 jeunes hommes et femmes et 120 personnes issues d'organisations travaillant avec les jeunes, la population étudiée.

Cette inclusion s'est faite par le biais d'une lettre d'invitation aux organisations qui ont une relation de travail avec New Men, initialement prévue pour intégrer au projet les jeunes qui sont en dehors du système éducatif formel, pour des raisons de temps seulement, les jeunes qui fréquentent les écoles ont été inclus et les universités en tirant parti de la collaboration des enseignants et de l'appel à la distribution d'enseignants. Actuellement, les groupes recherchent 40 à 50 jeunes dont les caractéristiques de leadership au sein de leur famille, de l'école, de la communauté ou du groupe de pairs en congé pour son assertivité dans leurs actions et attitudes, mais aussi d'être proactif, de générer du capital social et symbolique et de l'auto-négociation leader (Garcia 2008).

Ludopédagogie

La ludopédagogie s'est inspirée des pratiques de l'éducation populaire en Amérique latine et apparaît comme un axe de travail du Centre de recherche et de formation en matière de loisirs, de jeux et de camps "La Mancha", en Uruguay.

Du jeu à l'engagement social et à la prise de décision chez les jeunes

Le jeu est une activité librement choisie, qui permet de transgresser les normes de vie internes et externes ; une satisfaction synergique des besoins humains, qui englobe les dimensions individuelles et collectives et a un impact sur les plans social, culturel et politique.

Nous concevons comme l'un des axes centraux de l'approche pédagogique le concept de développement à l'échelle humaine... un tel développement est concentré et dans la satisfaction des besoins humains fondamentaux, dans la création de niveaux croissants d'autosuffisance et dans l'articulation des humains avec la nature et la technologie.
Processus avec des comportements locaux, du personnel à la planification, l'autonomie et le civil avec l'État.

Le modèle des "degrés d'implication" de Treseder

Le modèle de Treseder utilise cinq degrés de participation qui doivent être considérés comme "des formes différentes, mais égales, de bonnes pratiques". Il n'y a pas de hiérarchie dans la participation ; le type de participation dépend des souhaits des enfants, du contexte, des stades de développement des enfants, de la nature de l'organisation, etc.

Assigné mais informé
Les adultes décident du projet et les enfants se portent volontaires. Les enfants comprennent le projet, ils savent qui a décidé de les impliquer et pourquoi. Les adultes respectent l'opinion des enfants.
Décisions prises à l'initiative de l'adulte et partagées avec les enfants

Les adultes ont l'idée initiale, mais les enfants sont impliqués à chaque étape de la planification et de la mise en œuvre. L'avis des enfants est pris en compte et ils participent à la prise de décision.

Consultés et informés

Le projet est conçu et géré par des adultes, mais les enfants sont consultés. Ils comprennent parfaitement les processus et leurs opinions sont prises au sérieux.

A l'initiative et sous la direction de l'enfant

Les enfants ont l'idée initiale et décident de la manière dont le projet sera réalisé. Les adultes sont disponibles mais ne prennent pas en charge.

Décisions prises à l'initiative de l'enfant et partagées avec les adultes

Les enfants ont des idées, montent des projets et s'adressent aux adultes pour obtenir des conseils, des discussions et du soutien. Les adultes ne dirigent pas mais offrent leur expertise aux jeunes (P. TRESEDER 1997).

2.3 Modèle d'intervention auprès des hommes.

Équipe du collectif des hommes nouveaux de La Laguna

Le modèle initial était le programme d'intervention -Hommes Renonçant à la Violence- (Programa de Hombres Renunciando a Su Violencia (PHRSV)). Colectivo por Relaciones Igualitarias (CORIAC), avec trois niveaux de travail, 16 sessions hebdomadaires de 2 heures et demie chacune avec leurs objectifs respectifs.

Actuellement joint à un autre niveau de modèle de travail, le Training Center Eradication of Domestic Violence Men (CECEVIM) de San Francisco, Californie, le programme comprend trois cours éducatifs de 2 heures par semaine.

Hommes du Groupe des Masculinités dans les ateliers "Paternando Despues de la Violencia" - (Pères après la violence)

DE QUELS HOMMES PARLONS-NOUS ?

Voici quelques caractéristiques des hommes impliqués dans nos groupes :
- La plupart sont dans les 30 ans, quelques-uns dans les 40-50 ans et quelques autres dans les 16-20 ans.

Hommes et jeunes des groupes Masculinités et Attention à la violence du New Men's Collective

Il s'agit en général de personnes de classe moyenne, ayant une certaine profession, qui suivent les hommes ayant un certain métier, dans des cas différents. Ils arrivent avec des problèmes d'emploi (sous-emploi ou chômage). Principalement des hommes urbains, mariés, séparés ou en instance de divorce, certains sont parents à mi-temps, seuls. Ils se présentent en exprimant une profonde douleur attribuée à sa rupture avec leurs partenaires, mais surtout en recherche de soutien par rapport à la récupération affective de leurs filles et fils. Le ressentiment, la colère, la culpabilité, la solitude, la tristesse, l'impuissance, entre autres, les hommes arrivent en demandant de l'"aide" pour récupérer leur famille, mais n'entendent guère demander de l'aide pour se récupérer eux-mêmes, ils ne sont pas conscients de l'impact que la violence a causé dans leur vie ni dans celle des personnes qui les entourent. Ils ne font pas la part des choses entre la colère et son comportement violent, et encore moins le besoin d'utiliser des mécanismes de contrôle et d'autorité pour imposer leur façon de penser aux autres, tombant dans l'exercice abusif du pouvoir dans leurs relations. Il est très fréquent de les entendre blâmer les autres de la situation qu'ils traversent, en particulier ils blâment leur partenaire.Alors que s'écoule notre séjour au groupe, beaucoup d'hommes ils ont développé une identité positive, c'est-à-dire une connectivité émotionnelle, le détachement et la solidarité. Ils jouent, sont plus ouverts, détendus et aimants et écoutent aussi le reste.

Chercher de nouvelles façons de coexister avec les enfants qui ont été les témoins silencieux de la violence à l'intérieur de leur foyer, trouver des alternatives qui permettent de mettre fin à ces abus et à la violence envers les mères de ces enfants et les soutenir dans la coresponsabilité avec elles.

Il a fallu quelques années au collectif des hommes nouveaux pour décider de travailler avec les enfants. En 2005 et 2006, les premiers ateliers ont été organisés avec les enfants des hommes qui participaient à l'atelier.

Les programmes sur la violence et la masculinité demandés par les mêmes hommes comme une nécessité, ces ateliers pour être un père affectif après la violence (Paternar Despues de la Violencia) s'adressent aux hommes qui sont dans un processus de changement de comportement abusif et de violence afin de trouver de nouvelles façons de vivre avec les enfants qui ont été témoins de violence dans leurs foyers, et de trouver des alternatives pour mettre fin à ces abus et à la violence envers les mères et leurs fils, puis de les soutenir par la responsabilité.

Ces ateliers ont fourni la base pour renforcer le travail avec les jeunes, la fin de l'année 2006, les ressources financières de l'État obtenues du Programme pour une vie sans violence, pour la réalisation d'un projet sur la prévention de la violence chez les jeunes "Déconstruire le sexisme entre les jeunes : Une alternative pour prévenir la violence de genre ".

Quelques hommes du Groupe de Masculinités du Collectif des Nouveaux Hommes de La Laguna, participant en tant que mentors et formateurs au projet de renforcement du leadership des enfants et des jeunes.

CHAPITRE 3

Le processus, les résultats et les conclusions de l'expérience.

3.1 Processus

Partant de l'idée que cette proposition sur le renforcement du leadership des filles, des garçons et des jeunes est un recueil d'expériences sur une longue période de temps (20092013), il y a plusieurs processus à prendre en compte : Processus de *culture, de structure, de pratique* et de *révision*.

Culture
Bien que La Laguna ait une histoire de forte participation sociale, les incidents criminels et la violence dans le pays et à La Laguna en particulier ont généré un climat de tension, de peur, de méfiance et d'insécurité.
Cependant, les organisations de la société civile avec lesquelles le collectif des hommes nouveaux collabore depuis sa création ont décidé de partager et de soutenir cette proposition. Il s'agit de Femmes vivantes (MujeresVivas) qui travaillent avec des femmes victimes d'abus et de violence domestique, du Centre d'intégration des jeunes (Centro de Integracion Juvenil) pour la prévention des toxicomanies, de deux refuges pour les femmes et leurs enfants victimes de violence extrême, des groupes de jeunes de l'université de Coahuila et des groupes de la diversité sexuelle.

3.2 Groupes cibles

Le travail avec les enfants a commencé en 2004 avec la série d'ateliers sur les paternités affectives (Paternar despues de la Violencia) pour les hommes qui participent aux groupes de réflexion du collectif des hommes nouveaux.
Le projet "Jeunes" est formellement initié avec un projet sur le sexisme intériorisé présent dans le schéma des croyances des hommes et des femmes, le curriculum sexiste caché et le conditionnement masculin ou l'oppression des hommes. Une première phase initiale a été réalisée au cours des mois d'octobre, novembre et décembre 2006, avec des jeunes âgés de 16 à 20 ans et du personnel d'organisations qui travaillent avec les jeunes dans la région de La Laguna.
Au départ, nous avons travaillé avec les filles et les fils de femmes et d'hommes participant à des programmes de prise en charge de la violence, puis, au cours des trois dernières années, nous avons lancé un appel aux enfants, aux enfants de 7 à 16 ans et de 17 à 25 ans, quelles que soient leurs caractéristiques et leurs antécédents individuels et familiaux.
A cette époque, nous avons inclus 119 jeunes des deux sexes et 120 personnes

d'organisations qui travaillent avec les jeunes, comme population objet d'étude.

3 Organisations de la société civile de chacune des quatre villes, Torreon et Matamoros à Coahuila et Gomez Palacio et Lerdo à Durango, défenseurs des droits de l'homme, prestataires de services à la jeunesse et réponse à la violence.

200 élèves d'écoles et d'universités et 200 jeunes des bidonvilles des polygones sélectionnés les plus touchés et les plus vulnérables à la violence et à la criminalité, qui seront sensibilisés par une campagne de communication et de plaidoyer afin de prévenir la violence et de réduire la discrimination fondée sur l'âge, le sexe, le statut social, etc.

Parmi ces groupes de jeunes, nous avons sélectionné un groupe de 50 jeunes femmes et hommes âgés de 12 à 18 ans dont les caractéristiques de leadership au sein de la famille, de l'école, de la communauté ou du groupe de pairs découlent de leur assurance dans leurs actions et leurs attitudes, mais aussi de leur proactivité, de leur capacité à générer du capital social et de leur capacité à se construire symboliquement et par eux-mêmes.

Structures

La conception des ateliers et les activités simultanées envisagées
La planification et l'exécution ont été faites en fonction de l'âge des enfants et des jeunes, les noms des ateliers marquent les axes thématiques abordés par la suite.
I La construction sociale des identités féminines et masculines
II Stigma and Violence for Gender Reasons, as factors of vulnerability in people In conflict and post-conflict situations" (Stigmatisation et violence pour des raisons de genre, en tant que facteurs de vulnérabilité chez les personnes en situation de conflit et d'après-conflit).
III Genre et masculinité en tant que déterminants d'une prestation équitable de services à la communauté".
IV Participation des filles, des garçons et des jeunes au leadership
V Identification de propositions et de partenariats institutionnels et avec des ONG, afin d'incorporer les connaissances acquises dans ses programmes de prévention de la violence à l'égard des femmes.

Les activités simultanées étaient les suivantes : Rencontres, Camps, Ciné-Forums, Loisirs, Théâtre, Campagnes, Ephémérides, Foires.

L'équipe technique du collectif des hommes nouveaux, les décideurs et les prestataires de services des organisations publiques et de la société civile ont été impliqués dans les activités de planification et de formation.

3.3 Stratégie

Pratique

Les pères et les mères, ainsi que les administrateurs scolaires, autorisent par écrit la participation de leurs filles et de leurs fils à ces processus d'apprentissage.

Consentement des parents/tuteurs : Si un enfant est physiquement présent lors d'une activité, ses parents ou tuteurs doivent remplir un formulaire de consentement parental. Vous devez également donner aux parents/tuteurs une information verbale ou écrite sur l'activité afin qu'ils puissent décider en connaissance de cause s'ils souhaitent ou non que leur enfant participe à l'activité.

Consentement des enfants : Vous devez donner aux enfants la possibilité de consentir à participer à l'activité ou au programme. Ce consentement peut être verbal ou écrit. Veillez à donner aux enfants autant d'informations que possible sur ce qu'ils vont faire.

L'objectif des Espaces amis des enfants (EAE) était de répondre aux besoins de développement et d'apprentissage de 400 garçons et filles (de 0 à 18 ans) par le biais d'une protection intégrée,

des services psychosociaux et éducatifs. Des installations d'eau et d'assainissement de base ont été fournies dans tous les espaces et la promotion de l'hygiène a été intégrée dans le programme d'études du CSA.

Les degrés de participation des enfants et des jeunes ont été évalués en fonction de leur tranche d'âge.

Les principales activités ont été les suivantes

• Activités récréatives, d'apprentissage et psychosociales, y compris des jeux locaux pour les enfants (6-18 ans), animées par des facilitateurs de la communauté locale ;
• Sessions de préparation à la vie quotidienne pour les enfants plus âgés et les adolescents (12-18 ans) ;
• Séances de sensibilisation sur la manière de prévenir les abus et la violence, et sur les risques liés à la protection, y compris l'éducation à la vie.
• Sessions d'éducation parentale pour les personnes s'occupant de filles et de garçons (6-11 ans)
• Identification et orientation et/ou soutien direct aux enfants à risque, y compris les survivants de violences, d'abus et d'exploitation ;
• Identification et mise en relation des adolescents vulnérables, tels que les adolescentes menacées de mariage précoce, avec les besoins de base et le soutien aux moyens de subsistance.

Les Espaces amis des enfants ont offert aux enfants un lieu sûr où ils pouvaient interagir avec leurs pairs en dehors de chez eux et recevoir un soutien psychosocial direct.

Lorsque les animateurs de New Men ont identifié un problème de protection de l'enfance, celui-ci a été transmis aux ONG locales pour qu'elles apportent le soutien spécialisé et la gestion de cas appropriés. Grâce aux espaces CFS, les adolescents, en particulier les filles menacées de mariage précoce et les enfants touchés par le trafic de drogue, ont été identifiés et ont bénéficié en priorité d'articles de première nécessité, d'un soutien psychosocial et d'un apprentissage de la vie.

La *stratégie de participation* comprend deux types de méthodologie : Méthodologie d'apprentissage utilisant les méthodologies Child to Child, Peers et la Ludopédagogie et Méthodologie d'évaluation appliquant le modèle des "degrés d'implication" de Treseder.

Qu'est-ce que la *participation des enfants* ?

La participation consiste à donner aux enfants la possibilité d'exprimer leur point de vue, d'influencer la prise de décision et d'obtenir des changements.

Il existe de nombreuses approches différentes pour impliquer les enfants dans votre travail. Le temps et l'énergie que les enfants investissent dans une activité particulière et ce qu'ils retirent de leur participation varieront en fonction de l'approche adoptée, ainsi que d'autres facteurs tels que les ressources disponibles. Par exemple, une consultation ponctuelle est limitée dans le temps et la participation des enfants sera relativement passive. Un projet à long terme dans le cadre duquel les enfants conçoivent des activités et collaborent avec des adultes pendant plusieurs mois nécessite plus de temps, d'énergie et d'investissement de leur part.

Ils sont également plus susceptibles d'acquérir de nouvelles compétences et d'apporter des changements positifs. Cependant, le niveau d'implication des enfants dépend également de la manière dont vous facilitez le processus. Nous avons appliqué ici un modèle que de nombreuses personnes trouvent convivial et pertinent.

Le modèle des "degrés d'implication" de Treseder

Le modèle de Treseder utilise cinq degrés de participation qui doivent être considérés comme "des formes différentes, mais égales, de bonnes pratiques". Il n'y a pas de hiérarchie dans la participation ; le type de participation dépend des souhaits des enfants, du contexte, des stades de développement des enfants, de la nature de l'organisation, etc.

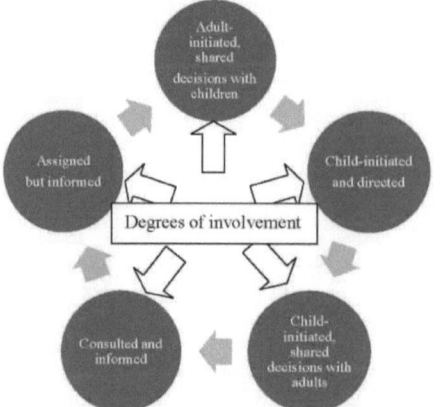

P Treseder, *Empowering children & young people : promoting involvement in decision-making (Responsabiliser les enfants et les jeunes : promouvoir la participation à la prise de décision)*

Assigné mais informé
Les adultes ont décidé des projets et les enfants se sont portés volontaires. Les
enfants compreniaient les projets, ils savaient qui avait décidé de les impliquer et
pourquoi. Les adultes ont respecté l'avis des enfants.

Décisions prises à l'initiative de l'adulte et partagées avec les enfants
Les adultes ont eu l'idée initiale, mais les enfants ont participé à chaque étape de la
planification et de la mise en œuvre. L'avis des enfants a été pris en compte et ils ont
participé à la prise de décision.

Consultés et informés
Les projets ont été conçus et gérés par des adultes, mais les enfants ont été consultés.
Ils comprenaient parfaitement les processus et leurs opinions ont été prises au
sérieux.
Les enfants ont eu l'idée initiale et ont décidé de la manière dont les projets devaient
être réalisés.
Les adultes étaient disponibles mais n'ont pas pris les choses en main.

Décisions prises à l'initiative de l'enfant et partagées avec les adultes
Les enfants ont eu des idées, ont monté des projets et se sont adressés à des adultes
pour obtenir des conseils, des discussions et du soutien. Les adultes ne dirigent pas
mais offrent leur expertise aux jeunes.

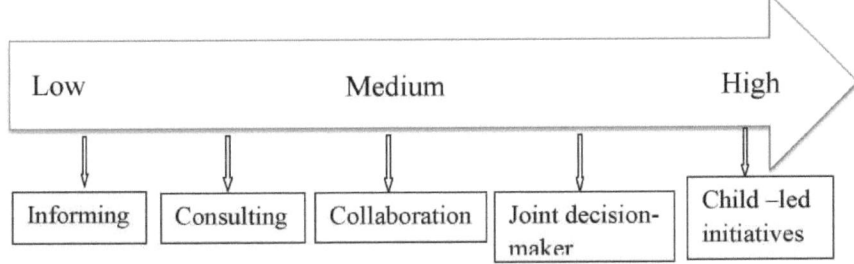

Faible implication
- Les enfants étaient passifs
- Les adultes prennent les devants
- Les adultes conçoivent et définissent les paramètres de l'activité.
- Les enfants ont été invités à participer à un projet conçu par des adultes
- Les enfants ont été informés et consultés
- Activité limitée dans le temps ou ponctuelle
- Les adultes détenaient la majeure partie du pouvoir
- Les adultes étaient prêts à écouter et à prendre en compte les opinions des enfants.

Niveau d'implication moyen à élevé
- Les enfants sont des protagonistes actifs
- Les enfants ont collaboré avec les adultes
- Prise de décision partagée entre adultes et enfants
- Adultes et enfants se respectent mutuellement en tant qu'acteurs égaux
- Les enfants ont participé aux activités de conception
- Les enfants ont animé ou dirigé des activités
- La participation des enfants a entraîné des changements

- Les enfants ont acquis de nouvelles compétences
- Parfois (pas toujours) une activité à long terme
- Les enfants ont pris les devants et ont demandé l'aide des adultes si nécessaire.

Il se peut que les enfants ne souhaitent pas participer à une activité, ou que vous n'ayez pas le temps ou la capacité de travailler de cette manière. Cependant, nous savons que lorsque les enfants ont la possibilité de prendre l'initiative, de collaborer avec des adultes et de prendre des décisions en commun avec eux, ils en retirent le plus grand bénéfice en termes de confiance, de compétences, de connaissances et de sentiment d'accomplissement. Les adultes peuvent également tirer un grand profit de ce type de travail.

Les niveaux de participation des enfants et des jeunes ont été progressifs et dépendaient des contextes, du temps disponible et du soutien des parents.
Le groupe cible de 50 filles, garçons et jeunes a été sélectionné dans les niveaux moyen et élevé.

Révision

L'évaluation est un moyen d'enregistrer la manière dont les enfants et les jeunes ont été activement impliqués et, plus important encore, la manière dont la participation a contribué à modifier leurs comportements ou à améliorer les services de protection sociale. Les processus de suivi et d'évaluation de la participation de 50 enfants et jeunes ont permis au Collectif des Hommes Nouveaux de systématiser les expériences, d'identifier les succès et de valider les changements dans la vie des filles, des garçons et des jeunes qui ont participé au processus de sensibilisation, de formation.

En 2007, ils ont dû faire face à de nouveaux changements structurels et systémiques dans le pays, à la violence urbaine, à la criminalité et aux activités liées au système de trafic de drogue, cette situation a un impact sur les processus individuels des hommes qui suivent des programmes dans notre région, ce qui se traduit par l'abandon scolaire, la violence familiale, l'agitation, l'insécurité, le chômage, la méfiance, etc. La distance sociale entre les groupes et la désorganisation sociale deviennent plus évidentes, les espaces deviennent un terrain propice à l'émergence de nouvelles violences telles que le crime organisé (Park 2007).

Spécifiquement, la violence domestique et la violence à l'égard des femmes étaient invisibles, les médias mettent davantage l'accent sur ces violences émergentes.

Avec ces scénarios, en 2008, le travail collectif avec les hommes, les hommes nouvelle restructuration, les programmes, y compris ceux des enfants et des jeunes, a été renforcé avec la contribution de méthodologies récréatives basées sur l'éducation populaire et les théories socioculturelles.

Tout au long du jeu, les différents types de leadership parmi les groupes d'enfants ont été explorés, en s'identifiant eux-mêmes et en identifiant d'autres qualités. Il est important que l'animateur, le mentor ou les jeunes participants exercent un contrôle étroit.

Les espaces de socialisation se rétablissent après les périodes de violence et de criminalité. L'agenda public de la ville de Torreon a intégré la restauration et la récupération des rues, des parcs et des centres de coexistence, des espaces qui ont été abandonnés par la peur et l'insécurité générées par le trafic de drogue.

3.4 Apprentissage réalisé

1, Accorder une attention prioritaire aux besoins et aux intérêts des groupes de jeunes et développer leur potentiel. La tolérance aide à remodeler les attitudes et les comportements des jeunes.

2, Les conditions de coexistence et de confiance établies entre les jeunes et les bénéficiaires adultes (aspect générationnel) dans les expériences de formation ont été un facteur clé dans leur engagement à l'amélioration qui ont été une occasion de télécharger et de canaliser les désirs, les besoins, les problèmes, les frustrations, les aspirations et les alternatives, un élément essentiel au début d'un facteur de transformation des inégalités et du genre.

3, L'attitude globale, ouverte et réceptive des adultes qui ont accompagné le développement du projet, en tant qu'éducateurs, logisticiens des ateliers et de la participation et de l'implication des jeunes, a été un aspect très important qui peut construire des processus de développement inclusifs et soutenus de croissance mutuelle intergénérationnelle. Les adultes limitent consciemment leur pouvoir et tentent de transcender l'adultocentrisme qui prévaut dans ces sociétés pour laisser la place au déploiement de leurs propres capacités de recherche et de celles des jeunes.

4, Il y a un apprentissage important à faire pour que les initiatives interinstitutionnelles New Men et l'échange d'expériences et l'unification des critères et du langage avec les organisations de services et les jeunes, leur permettant une plus grande cohérence et la capacité de travailler ensemble de façon transparente sur la prévention de la violence et les relations égalitaires.

la possibilité de travailler en équipe pour relever les défis posés par l'émergence de la violence urbaine,

5, La cohérence du concept méthodologique et son développement systématique est certainement un facteur d'expérience précieux qui permet de trier, d'apprendre et d'élever son potentiel de reproductibilité compte tenu des particularités de chaque scène sociale dans cette diversité de contextes et de populations où ce projet est mis en œuvre, Il peut changer les réalités, à travers les jeux (ludo-pédagogie),

6, L'inclusion de jeunes femmes et de jeunes hommes à partir de l'expérience concrète de la participation des jeunes offre des opportunités pour le développement de facteurs de succès dans lesquels le renforcement des capacités se situe comme l'organisation et la mobilisation des jeunes, le leadership des jeunes, la vision et les actions engagées dans l'intérêt de la transformation sociale, la déstigmatisation qui sous-tend les efforts d'inclusion large, est un pilier du travail avec les secteurs de la jeunesse, et que la stigmatisation et la discrimination sont parmi les obstacles les plus importants à un travail durable, profond et transformateur nécessaire pour le développement de notre région,

7, En termes de durabilité, elle semble reposer en grande partie sur un niveau plus élevé de capacité de gestion des ressources par les femmes et les jeunes, mais aussi sur la capacité de présentation du travail de ces initiatives et des résultats concrets de leur travail institutionnel et organisationnel,
L'apprentissage reçu au cours des processus de formation a permis aux femmes d'identifier leurs propres espaces et leur capacité à prendre des décisions,

8, L'expérience a atteint un certain niveau institutionnel et organisationnel, par exemple la formation de groupes d'enfants et de jeunes axés sur des questions spécifiques de prévention qui contribuent à une meilleure qualité de vie, l'interaction avec les fonctionnaires et les agents publics, le renforcement du leadership et de la capacité organisationnelle,

9, L'égalité des sexes et la pratique du leadership des filles, des garçons et des jeunes constituent une bonne stratégie d'autonomisation,

10, Dans les situations de conflit, il est important de déterminer l'emplacement et la stratégie de mise en œuvre de l'espace ami des enfants dès le début de l'intervention, en tenant compte de la sécurité physique et de l'accessibilité, de l'accessibilité sociale, de l'appropriation locale, de l'inclusion des enfants les plus marginalisés et de l'accessibilité d'autres services,

11, L'approche intégrée de la protection de l'enfance, des activités psychosociales et éducatives dans les espaces amis des enfants a été une stratégie efficace pour éviter une interruption prolongée de l'enseignement et pour fournir aux apprenants un soutien supplémentaire pendant la crise,

3.5 Conclusions

Les adultes, tels que les prestataires de services, ont identifié comme apprentissage majeur, les organisations publiques et privées prenant en compte l'approche de genre pour les besoins des filles et des femmes, les effets de la stigmatisation et de la discrimination sur les filles, les garçons et les jeunes du seul fait de leur âge et de leur sexe, la sous-estimation de leurs capacités à participer aux questions qui les concernent et les affectent, l'efficacité des méthodes d'enseignement basées sur les jeux et les ciné-forums. Ils estiment importante la participation organisée des jeunes à des activités récréatives et au ciné-forum, ce qui les a incités à s'étendre à d'autres organisations publiques ou à la société civile.

Les jeunes, en tant qu'apprentis clés, ont une plus grande capacité d'organisation et de participation, des outils de médias sociaux, la justice entre les sexes, la non-discrimination envers les personnes vulnérables.

L'expérience des hommes nouveaux locaux dans le travail avec les jeunes dans la région de La Laguna a été présentée comme une alternative pour réduire les ravages de la violence, au désespoir des familles de voir comment de plus en plus de jeunes hommes sont cooptés dans le système de violence et de criminalité lié au trafic de drogue, de drogues, de véhicules, de personnes, d'armes utilisées dans une hiérarchie de pouvoir allant des enfants jeunes, appelés "hawks" "zetillas" aux "primos", "bads".

De nombreux jeunes des communautés précédemment marginalisées étaient regroupés en bandes, en gangs, qui avaient sans aucun doute une hiérarchie de groupe très différente avec des activités criminelles également différentes. Aujourd'hui, ces bandes n'existent plus et nombre de leurs chefs ont disparu ou ont été tués, et ceux qui ont survécu se retrouvent dans les réseaux du crime organisé, impliqués dans diverses activités illégales.

Différemment, dans cette chaîne de violence, les filles jouent le rôle le plus dégradant dans la hiérarchie des hommes, en tant que "mulas" (trafiquants de drogue), en tant que responsables des enfants échappés, en tant que gardiennes.

Les zones d'opportunité pour les jeunes en tant qu'agents de changement et de développement dans la région présentent un déficit important, les initiatives de ces jeunes ne sont généralement pas prises en compte par les adultes, et au sein de ce groupe vulnérable, les filles et les femmes, elles ont un désavantage majeur qui est lié aux questions de sexe et de genre. Dans une société patriarcale comme la nôtre, il y a des "lots" de pouvoir hégémonique où les jeunes n'ont pas leur place dans la prise de décision, être jeune dans notre pays est une cause de "suspicion", d'"inexpérience", de "désobligeance", d'"immaturité", de quelqu'un dans un rite de passage en devenant homme ou femme.

Si nous partons de l'idée que la participation des jeunes peut être un déclencheur de changements sociaux, politiques ou économiques. Alors, dans la région de La Laguna, face à un scénario complexe d'urbanisation, de mondialisation et de développement, les jeunes sont également confrontés à une violence sociale, politique et économique qui comporte des facteurs de risque pour une protection difficile.

La sécurité a été une préoccupation constante car la situation est restée volatile. Compte tenu de cette situation, le personnel de New Men ne pouvait pas toujours se rendre sur les sites du projet, ce qui rendait le leadership et l'appropriation au niveau local encore plus importants. Les autorités locales et les superviseurs de New Men étaient chargés de l'évaluation continue de la sûreté et de la sécurité du site des Espaces amis des enfants. Lorsque les risques augmentaient, les activités étaient suspendues. L'un des défis opérationnels les plus frappants est la situation sécuritaire volatile dans laquelle New Men opère. Dans la plupart des zones de programme, des acteurs armés non étatiques et des groupes militaires sont toujours opérationnels et les incidents de sécurité ne sont pas rares.

Nous supposons que la violence est un comportement appris et qu'elle se construit à partir de l'assimilation de l'asymétrie dans les relations entre les sexes et de la compréhension de cette asymétrie comme le résultat de la hiérarchie entre les sexes.

Nous considérons que l'un des moyens de démanteler les comportements violents est la construction de schémas de pensée égalitaires et le respect par les pairs des droits de l'homme, y compris les droits des jeunes, principalement des filles et des femmes. Ces principes sont inclus dans l'Agenda clé pour le développement post-2015 :

Le système du trafic de stupéfiants et de la criminalité au Mexique est très mobile, plusieurs États sont secoués par la violence, les États limitrophes de Durango et Coahuila comme Tamaulipas, Nuevo Leon, Zacatecas et Chihuahua sont fortement touchés par la violence, dans notre région, certains groupes demandent aux autorités locales, étatiques et fédérales de rendre justice à leurs proches disparus à cause de la violence.

Actuellement à Torreon, il y a plus de 568 espaces publics pour le transit gratuit, ces espaces publics forment l'une des principales infrastructures que nous avons dans la ville, qui permettent une interaction entre les personnes qui les fréquentent.

En raison de la mise en œuvre du programme "Villes et espaces publics sûrs pour les femmes et les filles" à Torreon par ONU Femmes, il est pertinent d'analyser comment les espaces publics sont conçus pour une coexistence saine où les femmes et les filles ont accès à des lieux exempts de violence (Ana Falu & Olga Segovia 2007). L'espace public est le lieu commun où les citoyens doivent interagir, où la culture d'une communauté est configurée et exprimée. Ces lieux sont les rues, les places, les parcs, les espaces sportifs, ainsi que les marchés, les théâtres, les bâtiments gouvernementaux, les cinémas, les lieux de divertissement et de loisir.

Abrités dans des enceintes fermées, ne laissant à la libre circulation qu'un réseau routier exclusif qui relie les accès à ces espaces privés, ce réseau devient un lieu peu sûr car il n'est pas conçu de manière adéquate pour permettre aux citoyens d'intégrer l'espace et les différentes formes de mobilité.

Le programme d'ONU Femmes recommande la conception et la planification d'espaces publics qui renforcent l'équité entre les sexes, comme par exemple : Une visibilité suffisante autour de la zone, certaines aires de jeux sont proches des maisons adjacentes pour permettre une surveillance sociale, une disposition spatiale claire de l'ensemble du parc et des zones de jeu.

Il est également recommandé que les villes disposent d'aires de jeux multifonctionnelles, c'est-à-dire d'aires spéciales pour les activités préférées des filles, comme le volley-ball, par exemple. Ces actions devraient être évaluées comme étant appropriées pour être incluses dans la planification et la conception des espaces publics des villes, en même temps que des politiques publiques globales efficaces avec des programmes de sécurité avec des campagnes qui promeuvent la dénonciation, le respect des droits des femmes et des filles, pour aider à renforcer les liens sociaux et culturels entre les personnes. **(Institut municipal de planification et de compétitivité de Torreon (IMPLAN) 2013-2017.**

Atteindre la paix et la sécurité
". Défendre les droits des femmes et des jeunes à ne pas subir de violence, y compris la violence sexuelle et sexiste, afin de parvenir à la paix et à la sécurité et de protéger les droits reproductifs. Protéger les populations les plus vulnérables dans les situations de conflit et d'urgence naturelle..." (UNFPA, 2015).

Bibligraphie

BRISENO-LEON, R. (2002). VIOLENCIA, SOCIEDAD Y JUSTICIA EN AMERICA LATINA. Buenos Aires:CLACSO ISBN 950-9231-81-9.

CARRION, M. F. (2008 v.34 n.103). Violencia Urbana : un asunto de ciudad. EURE (Santiago).

Censo de Poblaciony Vivienda (2010). Perfil sociodemografico : Estados Unidos Mexicanos : Censo de Poblacion y Vivienda 2010 / Instituto Nacional Estadistica y Geografia.-- Mexico : INEGI, c2013.

Centro de Investigacion Mexico Avanza y Fundacion para la Promocion, Desarrollo y Empoderamiento de las Mujeres, A.C. Diagnostico participativo de violencia sexual contra mujeres en los municipios de Gomez Palacio y Lerdo, Durango 2014

Centro de Capacitacion Estudio y Difusion Nino a Nino, Cuenca, Ecuador. Esperanza, Alegremia y Salud de los Ecosistemas, Metodologia Nino a Nino, Guia para Facilitadores,

Convention relative aux droits de l'enfant -1990
http://www.ohchr.org/Documents/ProfessionalInterest/crc.pdf

DÉCLARATION DE DELHI ET APPEL À L'ACTION : 2e Symposium mondial MenEngage 2014 Hommes et garçons pour la justice de genre 10-13 novembre 2014 | India Habitat Centre | New Delhi

Derechos Humanos Ninos y Adolescentes en Coahuila, 2014-2017

FALU, A. (2009). MUJERES EN LA CIUDAD. De violencias y derechos. Santiago du Chili : Red Mujer y Habitat de America Latina - Ediciones SUR.

FALU Ana & Olga Segovia, CIUDADES PARA CONVIVIR :
SIN VIOLENCIAS HACIA LAS MUJERES -**Debates** para la construccion de propuestas -Ediciones SUR, 2007 J. M. Infante 85, Providencia, Santiago du Chili

corporacionsur@sitiosur.cl - www.sitiosur.cl

GARCIA, A. (2008) DECONSTRUYENDO EL SEXISMO ENTRE LOS JOVENES :
Une alternative pour prévenir la violence de genre. Colectivo de Hombres Nuevos de la Laguna, Torreon, Coahuila. Mexique www.astalo45.wordpress.com

GARCIA, A. (2007) Un Lugar en donde los hombres son aceptados. Colectivo de Hombres Nuevos de La Laguna, Torreon,Coahuila,

Mexique. *www.astalo45.wordpress.com*

Instituto Municipal de Planeacion y Competitividad de Torreon (IMPLAN) Organe technique responsable de la planification du développement de la municipalité de Torreon, Coahuila, Mexique.
http://www.trcimplan.gob.mx/blog/espacios-publicos-seguros-para- muj eres-y-ninas. html

LONDONO, J. L. y R. GUERRERO, "Violencia en America Latina. Epidemiologia y costos", Red de la Oficina del Economista Jefe, Banco Interamericano de Desarrollo (BID), Washington DC.1999

MOSER, C. Environment & Urbanization, Vol.16, Num.2, October 2004

PARK, R.E. The Concept ofSocial Distance As Applied to the Study ofRacial Attitudes et relations raciales. Projet Mead 2007

Plan International (2017) *Child Friendly Spaces Providing child protection and education in conflict settings : a case study from Timbuktu, Mali.* Royaume-Uni : Plan International.

POLLY Wright, Claire Turner, Daniel Clay et Helen Mills. La participation des enfants et des jeunes au développement de l'aide sociale. GUIDE PRATIQUE DE LA PARTICIPATION 06
Programa de Proteccion y Garantia de Derechos Humanos de Ninos y Adolescentes y Sistema Estatal de Garantia -2017

Programme pour l'égalité et la non-discrimination. Coahuila de Zaragoza 2014 2017

SEIDLER, J. (2007). URBAN FEARS AND GLOBAL TERRORS. Citizenship, Multicultures and *Belongings After 7/7.* Londres et New York : Routledge, Taylor and Francis Group Library.

SERRATO, M.L. Ninos, Ninas y Jovenes en Riesgo. Entre politicas de reclutamiento de los grupos armados y estrategias de prevencion y resistencia de las comunidades Bogota, Colombia, 2011

TIJERINO, "La Funcion del Marco Juridico en la Promocion de la Equidad de Genero" Serie : Cuadernos de Genero para Nicaragua # 5, 2008,

TRANSFORMER NOTRE MONDE : L'AGENDA 2030 POUR LE DÉVELOPPEMENT DURABLE
DÉVELOPPEMENT (2015)
https://www.un.org/pga/wpcontent/uploads/sites/3/2015/08/12081 5_outco me-document-of-Summit-for-adoption-of-the-post-2015-development- agenda.pdf

P. TRESEDER, *Empowering children & young people : promoting involvement in decision-making,* Save the Children, 1997.

VILALTA, P.C.J. El Miedo al Crimen en Mexico : Estructura Logica, Bases Empiricas y Recomendaciones Iniciales de Politica Publica. VOL UMEN XIX . NUM. 1. I Semestre de 2010

VILALTA, C.J. Los determinantes de la percepcion de inseguridad frente al delito en Mexico, Banco Interamericano de Desarrollo, 2012.

ALLEMAGNE Marino S. y Lola Cendales G. Educacion No Formal y Educacion Popular Hacia una pedagogia del dialogo cultural Federacion Internacional deFey Alegria desde el ano 2001. Caracas 2004
http://www.feyalegria.org/images/acrobat/EducNoF ormalEducPopular_4834.pdf

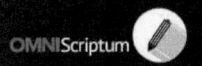